Cúigear Chonamara

Cúigear Chonamara

Micheál Ó Conghaile

Cló Iar-Chonnachta
Indreabhán
Conamara

An Chéad Chló 2003
© Cló Iar-Chonnachta Teo. 2003

ISBN 1 902420 86 1

Dearadh clúdaigh: Vincent Murphy
Dearadh: Foireann CIC
Grianghraif: Andrew Downes

Bord na
Leabhar
Gaeilge

Tugann Bord na Leabhar Gaeilge
tacaíocht airgid do Chló Iar-Chonnachta.

Faigheann Cló Iar-Chonnachta cabhair
airgid ón gComhairle Ealaíon.

Clóchur: Cló Iar-Chonnachta, Indreabhán, Conamara
    Fón: 091-593307 **Facs:** 091-593362 **r-phost:** cic@iol.ie
Priontáil: Clódóirí Lurgan, Indreabhán, Conamara
    Fón: 091-593251/593157

Do dhrámadóirí Chonamara

Johnny Chóil Mhaidhc

agus

Antoine Ó Flatharta

a sheas an fód do dhrámaíocht na Gaeilge

'As this is Connemara I don't know where to go.'

ón amhrán 'Máire Rua' le Cóilín Fhínse

Leabhair leis an údar céanna, foilsithe ag Cló Iar-Chonnachta:

Croch Suas É! Eag. (Amhráin) 1986
Gaeltacht Ráth Cairn: Léachtaí Comórtha (Stair) Eag. 1986
Mac an tSagairt (Gearrscéalta) 1986
Comhrá Caillí (Filíocht) 1987
Conamara agus Árainn (Stair) 1988
Up Seanamhach! Eag. (Amhráin) 1990
Gnéithe d'Amhráin Chonamara Ár Linne (Léacht) 1993
Sláinte: Deich mBliana de Chló Iar-Chonnachta Eag. 1995
An Fear a Phléasc (Gearrscéalta) 1997
Sna Fir (Úrscéal) 1999
Seachrán Jeaic Sheáin Johnny (Nóibhille) 2002
An Fear nach nDéanann Gáire (Gearrscéalta) 2003

Aistriúcháin:
Banríon Álainn an Líonáin (Dráma le Martin McDonagh) 1999
Ualach an Uaignis (Dráma le Martin McDonagh) 2002
Sách Sean (Gearrscéalta do dhéagóirí) 2002

Foireann

I dTaibhdhearc na Gaillimhe, le linn chomóradh 75 bliain na hamharclainne sin, a léiríodh *Cúigear Chonamara* den chéad uair an 8 Deireadh Fómhair 2003. Ba iad seo a leanas foireann an dráma:

DANNY	Seán Ó Tárpaigh
DARACH	Peadar Cox
COILIMÍN	Peadar Ó Treasaigh
CYNTHIA	Sabyna Seoighe
MEAIGÍ	Máirín Mhic Lochlainn
LÉIRITHEOIR	Darach Mac Con Iomaire

Pearsana

DANNY	*sna luath-thríochaidí*
DARACH	*a dheartháir, timpeall deich mbliana níos sine*
COILIMÍN	*a n-athair, 70, beagán scaipthe*
CYNTHIA	*cailín Danny, cúpla bliain níos óige ná é*
MEAIGÍ	*seanbhean, comharsa, timpeall 65*
SUÍOMH/AM	CONAMARA ÁR LINNE

MÍR I

Radharc a hAon

Seomra suite/cistin i dteach i gConamara san am i láthair. Ar chlé in uachtar tá seomra codlata thuas staighre, an staighre féin i lár an stáitse. Bíonn an chuid seo den stáitse dorcha ach amháin nuair a bhíonn an seomra codlata in úsáid mar radharc. Beagán ar dheis ó lár an stáitse ar chúl tá fuinneog mhór ina bhfuil sléibhte Chonamara le feiceáil amach tríthi i gcéin. Tá doras na sráide lena taobh. Ar chúl an stáitse ar dheis tá doras chuig seomra leapa agus chun tosaigh ar chlé tá doras eile chuig seomra leapa. Tá an dá sheomra seo taobh amuigh den stáitse. Chun tosaigh ar dheis tá range *ar a bhfuil citeal leagtha.*

Nuair a thosaíonn an radharc tá Coilimín ina shuí i gcathaoir gar don range, *é ag léamh nuachtáin ar a bhfuil an cheannlíne* 'RAPIST JAILED FOR 15 YEARS' *ar an gcéad leathanach. Tá Darach ag an bhfuinneog ag breathnú amach. Tá sé réitithe amach, a ghruaig nite agus a chóta air. Tá sé ag siúl suas is anuas an stáitse go mífhoighneach. Féachann ar a uaireadóir. Tugann* COILIMÍN *sracfhéachaint air i ngan fhios dó. Ansin ardaíonn an bheirt acu a gceann le breathnú ar an duine eile agus castar a súile ar a chéile dá mbuíochas.*

COILIMÍN: Tá tú do mo dhéanamh nervous ansin. Ag siúl suas is anuas.

DARACH: Nervous! Bhí tú nervous ariamh.

COILIMÍN: Ní raibh mé nervous ariamh. Níl mé nervous ach le cúig bliana fichead. (*Sos*) Bhí mé ceart nuair a rugadh thusa.

DARACH: Ó, ach níl anois.

COILIMÍN: Tá tusa do mo dhéanamh níos nervous ná mar a bhím go hiondúil, mar sin. Sin é atá i gceist a'm.

DARACH: Bhuel, abair amach an rud atá i gceist a'd is ná bí ag rá rudaí nach bhfuil i gceist a'd. Sin a tharraingíonn leath de thrioblóidí an domhain, bíodh a fhios a'd. (*Sos*) Daoine ag rá rudaí nach mbíonn i gceist acu.

COILIMÍN: Nílimse san aois ina bhfuilim ag dul ag tógáil orduithe uaitse, a mhaicín. Is féidir liom a bheith ag caint liom féin má thograím é.

DARACH: Tá cleachtadh maith a'd air sin. (*Sos*) Ar aon nós, níl ionat ach seanmhála nerves ó chluas go drioball, mála nerves wireáilte dá chéile–

COILIMÍN: Connectáilte leatsa. (*Casann sé timpeall an nuachtán ionas go mbíonn bunoscionn.*)

DARACH: Connectáilte liomsa faraor . . . Ní tú is measa ach an focairín sin nach dtagann abhaile. (*Féachann ar a uaireadóir.*) Beidh leath den mhatch caillte a'm.

COILIMÍN: Is cé leis a bhfuil tú ag fanacht?!

DARACH: Leatsa.

COILIMÍN: Nílimse ag dul amach ag breathnú ar an sacar suarach sin.

DARACH (*go teann*): Breathnaigh anois, a sheanleaid! Ná bí ag iarraidh mé a chur in aer tuilleadh.

COILIMÍN: Bailigh leat is ná bíodh mise do do choinneáil soicind eile. Beidh Danny sa mbaile nóiméad ar bith feasta. Beidh mise ceart go leor liom féin.

DARACH: Beidh, má bhíonn. (*Sos*) Go dtosóidh tú ag ól uisce as wellington aríst, ab ea? (*Gáire beag fonóideach*) Dá n-ólfá deoch ghnaíúil féin aisti. (*Sos. Cantal arís air*) Cibé cén sórt seachráin atá tagtha air le tamall. Ní túisce istigh ná amuigh aríst é ar nós cearc a mbeadh ubh aici.

COILIMÍN: Níl mé in ann an páipéar féin a léamh ar mo chompord a'd.

DARACH: Níl, (*Féachann air.*) agus é iompaithe bunoscionn a'd . . . (*Tógann* DARACH *an páipéar as a lámh, féachann air, agus iompaíonn an treo ceart é. Síneann an páipéar ar ais chuige, é oscailte amach amhail is dá mbeadh duine á léamh.*) Anois tá seans níos fearr ann go mbeidh tú in ann é a léamh má iompaíonn tú an treo sin é. (*Sos*) É sin nó tú féin a iompú bunoscionn ionas go mbeidh do chloigeann thíos san áit a bhfuil do chosa is do chosa thuas i do chloigeann.

COILIMÍN: Seasamh ar mo chloigeann le mo dhá chos atá i gceist a'd, ab ea?

DARACH: Go díreach é. Seasamh ar do chuid brains.

COILIMÍN: Nó suí orthu cosúil leatsa!

DARACH (*go cantalach*): Breathnaigh anois, a Choilimín, ar do chloigeannsa atá an diomar is ní ar mo chloigeannsa. Ní mise a bhí ag léamh an pháipéir bunoscionn.

COILIMÍN: Bunoscionn mo thóin . . . Nach ag cuartú

freagraí an qhuiz a bhí mé agus nach gcaithfidh tú an
páipéar a iompú bunoscionn le hiad sin a léamh.
(*Iompaíonn sé an nuachtán bunoscionn arís go
ceanndána agus tosaíonn ag póirseáil tríd.*) Cibé cén
leathanach ar a bhfuil siad, tá mé curtha amú aríst a'd.

DARACH: Léigh i do rogha bealach, mar sin, é.
Iompaigh ar a thaobh é más maith leat, agus
iompaigh tú féin ar an taobh eile.

COILIMÍN: Breathnaigh, a mhac, má tá cantal ortsa ná bí
á ídiú ormsa. Síos leat i dtigh diabhail chuig an
bpub más ann atá do thriall. Beidh mise ceart go
leor liom féin.

DARACH: Beidh! B'fhéidir gur síos sa range a thitfeá.

COILIMÍN: . . . Síos sa range . . .

DARACH (*go searbhasach*): Nó b'fhéidir isteach sa
television.

COILIMÍN: Ach tá an television lán de dhaoine cheana
féin . . . is tá sé casta de, ar aon nós. Is fágfaidh
mé casta de é go dtiocfaidh Danny.

DARACH: Nó b'fhéidir fiú amháin gur suas an simléar a
thitfeadh do leithéidse.

COILIMÍN: Titim suas sa simléar. Súr, níor thit aon duine
suas simléar ariamh. Cén chaoi a bhféadfadh duine
titim suas simléar . . . mura n-iompófá an teach is a
mbeadh ann bunoscionn . . . Tá seafóid ag teacht
ort, a Dharach, a chréatúir, tá.

DARACH: Tá beirt a'inn ann, mar sin.

COILIMÍN: Dheamhan titim suas, muis. (*Sos*) Mura
dtarraingeodh an ghealach duine chuici féin. Tá
an ghealach in ann rudaí a tharraingt chuici.

DARACH: Ó, tá, tá sí.

COILIMÍN: Ach, súr, níl gealach ar bith anocht ann, níl
sin. Is an oíche chomh dubh le hanam tincéara.
(*Sos*)

DARACH: Ach amháin an ghealach atá ortsa. Tá sí sin i
gcónaí ann, lá is oíche, faraor.

COILIMÍN: Ha?

DARACH: Tada! (*É ag siúl timpeall an t-am ar fad*)

COILIMÍN (*ag caint leis féin*): D'fhéadfadh duine titim síos
simléar, ceart go leor. D'fhéadfadh. Bheadh sé sin
nádúrtha, ach amháin go gcaithfeá a bheith thuas ar
bharr simléir le titim síos ann . . . cheapfainn. (*Sos.
Féachann ar Dharach.*) Is níl mise ag dul suas ar an
simléar anocht. Meadhrán. Níor thaitin sé ariamh
liom dul suas ard, ar aon nós.

DARACH: Dul suas ard. Is nár dheas an feic thuas ar bharr
simléir tú mar a bheadh seancharóg bhacach liath
ann. (*Sos. Leis féin*) Dhéanfá lightning conductor
maith.

COILIMÍN: Ah?

DARACH: Ah? Ah?

COILIMÍN: Ah? a deirim. Ar labhair tú ar thoirneach? (*É
ag díriú aniar sa chathaoir, beagán oilc air*) Ná
labhair air sin aríst, más air a labhair tú.

DARACH: Liom féin a bhí mé ag caint. Ní leatsa.

COILIMÍN: Ó, leat féin! (*Gáire*) Ní mise amháin a bhíonn
ag caint liom féin, mar sin?

DARACH: Breathnaigh. (*Go cantalach. Dúnann cnaipí a
chóta.*) Táimse ag dul amach. Tit is buail do
chloigeann faoin range, más maith leat, nó faoin

DARACH: *Dhéanfá lightning conductor maith.*

urlár . . . ach tá an range níos cruaichte. B'fhéidir
gur bang maith a theastaíonn sa mbaithis uait le do
chuid brains a chur ar ais ina n-áit féin aríst.

COILIMÍN: Ara, ní bhuailfidh mé mo chloigeann faoin
range. Titfidh mé síos uilig ann. (*Sos*) Ní bheidh le
feiceáil ach barr mo dhá chos ag gobadh aníos as ar
theacht ar ais duit . . . Ach ní móide go bhfeicfidh tú
an méid sin féin má bhíonn tú leath chomh caochta
agus a bhí tú an oíche cheana.

(*Olc ar Dharach. É ina sheasamh ag an doras, idir
dhá chomhairle an imeoidh nó nach n-imeoidh. É
tamall ansin ag braiteoireacht. Gan Coilimín in ann
é a fheiceáil ón gcathaoir.*

Ardaíonn COILIMÍN *an nuachtán lena léamh amhail
is dá mbeadh ag glacadh leis go raibh Darach ag
imeacht. Fanann sé soicind eile ag braiteoireacht.
Féachann ar an doras, ar ais ar Choilimín agus
ansin ar an doras arís. A intinn déanta suas aige
imeacht. É ar mire. Déanann ar an doras.
Osclaítear an doras ón taobh amuigh agus is beag
nach mbuailtear san éadan é.*

Tagann DANNY *isteach. Cóta air, beagán burláilte
amhail is dá mbeadh rud éicint nach mbeadh
rómhór i bhfolach istigh faoi. Tá nuachtán ina lámh
aige agus ceann eile ag gobadh amach as póca
taobh istigh dá chóta.*)

DARACH: Cá raibh tusa?

DANNY: Amuigh!

DARACH: Amuigh! Nach bhfuil fhios a'm go diabhaltaí
maith go raibh tú amuigh.

DANNY: Agus is dóigh go bhfuil fhios a'd freisin go bhfuil mé istigh anois . . . go diabhaltaí maith.

DARACH: Éirigh as do chuid dea-chainte. Tá mé uair an chloig anseo ag fanacht leat.

DANNY: Ní mharódh uair an chloig tú, nó cén deifir atá ort?

DARACH: Tá cluiche sacair ar siúl ach, ar ndóigh, ní bheadh fhios a'dsa mórán faoi na cúrsaí sin. Agus is tusa atá ag breathnú i ndiaidh an tseanbhuachalla is ní mise, bíodh a fhios a'd, agus mura bhfuil tú sásta breathnú ina dhiaidh caith isteach sa home as an mbealach é nó cuir soir go Ballinasloe é.

COILIMÍN: Ní féidir mé a chur soir is Ballinasloe tagtha anoir anseo.

DANNY: Imigh, mar sin. Imigh is ná cuireadh mise soicind eile moille ort.

DARACH: Imeoidh mé i m'am féin. (*Ag dul amach go mall d'aon ghnó*) Imeoidh mé agus tiocfaidh mé i m'am féin i mo theach féin. Cibé am is maith liom.
(*Ina sheasamh sa doras. Féachann sé ar ais ar Choilimín.*) Wellington! (*Gáire. Dúnann sé an doras go mall ina dhiaidh.*)

DANNY: Cantal éicint air sin aríst anocht, cibé cén fáth é bheith chomh touchy.

COILIMÍN: Mid life crisis syndrome, b'fhéidir, nó na hormones a bheith bailithe haywire. Tá sé ansin ag an doras mar a bheadh cat ag faire luch ann le huair an chloig. Dúirt mé leis imeacht míle uair.

DANNY: Bhuel, anois go bhfuil sé imithe beidh suaimhneas a'inn mura mbeidh saibhreas a'inn. Fuair mé an páipéar. (*Ag labhairt go gealgháireach is ag tabhairt an nuachtáin do Choilimín. Bíonn sé ar tí a* anorak *a zipeáil síos, nuair a chuimhníonn air féin. Osclaíonn* COILIMÍN *an nuachtán.* Broadsheet *atá ann.*)

COILIMÍN: Nach bhfuair tú an páipéirín beag dom?

DANNY: Fuair. Fuair, a Dheaide, ach níl sé léite a'm fhéin fós. (*Tógann amach cóip de nuachtán tablóideach go cúramach gan a* anorak *a oscailt mórán agus tugann dó é.*) Anois beidh tú suas chun dáta leis na rásaí, leis na scannail is leis na cailíní.

COILIMÍN: Leis na jockeys.

DANNY: Tá an-phictiúr ar leathanach a trí inniu, a Dheaide. Ardóidh sí do chroí.

COILIMÍN (*ag oscailt an pháipéir*):   Ha-Ha! Is dóigh gur ardaigh sí níos mó ná an croí ionatsa – dá gcloisfeadh Cynthia tú. Cheap mé nóiméad ó shin nach raibh na páipéir léite ar chor ar bith a'd.

DANNY: Níl. Níl fós. Ní dhearna mé ach leathanach a trí a sheiceáil duitse sular cheannaigh mé é, lena chinntiú gurbh fhiú é a cheannacht. Bhreathnaigh mé ar na pictiúir. Táim ag éirí níos cosúla leat féin chuile lá.

COILIMÍN: Ha-Ha-Ha! (*Ag breathnú ar an nuachtán*) Cá bhfuil page three? Ó, a dhiabhail. (*Ag léamh. Cuireann an-ghar dá shúile.*) 'In this Indian summer weather, sexy Tanya can't wait to wiggle her bum and drive out into the country for a picnic. She loves taking off her itsy-bitsy black bikini and sipping champagne under the shady trees while listening to the birds and the bees above her. But watch out for the

COILIMÍN: *...sexy Tanya can't wait...*

insects, girl, you've got to be careful they don't join you for a little nibble.' Anois céard déarfá le Gaillimh? B'fhéidir gur amach go Conamara a thiocfadh sí le haghaidh picnic. (*Iompaíonn an nuachtán bunoscionn ansin. Tugann níos gaire dá éadan é mar a bheadh ar thóir fócais níos fearr.*)

DANNY: Tá tú ag iarraidh í a fheiceáil ón dá thaobh, an bhfuil? Crochfaidh mé suas i do sheomra leapa anocht duit í, más maith leat. (*Sos*) Os cionn lampa an Sacred Heart, áit a mbeidh an solaisín dearg ag scaladh uirthi.

COILIMÍN: Ó! Ó! Dá gcloisfeadh Meaigí tú. Ná bac. Cuirfidh mé faoin bpiliúr í, áit a mbeidh sí níos gaire dom.

DANNY: Do chomhairle féin.

COILIMÍN: Cén chaoi a bhfuil Cynthia anyways, nó an bhfaca tú inniu í?

DANNY: Togha. (*Sos*) Togha, sílim. Ní fhaca mé ó Dé Domhnaigh í. Sílim go bhfuil sí ag obair deireanach na hoícheanta seo. (*Sos*) Níor ghlaoigh sí fad a bhí mé amuigh?

COILIMÍN: Níor ghlaoigh. (*Sos*) Ní bheidh sí thart anocht, mar sin.

DANNY: Ní bheidh. Nach inniu Dé Céadaoin? An bhfuil tú ag dul amach ag an mbiongó ar ball? (*Féachann sé ar a uaireadóir.*)

COILIMÍN: Tá, siúráilte. Rud ar bith a thabharfas amach as an bpoll seo mé ar feadh cúpla uair an chloig sa tseachtain.

DANNY: Bheadh ciall i do leithéid.

COILIMÍN: B'fhéidir go mbuafainn an jeaicpot freisin. (*Ag*

bualadh a dhá bhois ar a chéile) Feeláilim cineáilín lucky anocht, chomh lucky le cat dubh.

DANNY: Nó buidéal fuisce sa raffle. An gcuirfidh mé glaoch ar Mheaigí?

COILIMÍN: Níl aon chall leis. Tiocfaidh Meaigí thart anyways.

DANNY: Ó, tiocfaidh, an créatúr. Murach Meaigí bheadh muid go dona. (*Ag dul in airde an staighre go mall*) An mbeidh tú ceart go leor ansin leat féin ar feadh cúpla nóiméad? Caithfidh mé shower a thógáil.

COILIMÍN: Tuige nach mbeinn? (*Sos*) Shower. (*Sos, é ag útamáil leis an nuachtán arís*) An bhfuil tú cinnte nach bhfuil Cynthia ag teacht thart ar ball?

(*Ní thugann Danny aon aird ar an gcuid dheireanach seo dá chuid cainte. É thuas ag barr an staighre faoi seo. Tógann glac eochrachaí as a phóca agus baineann an glas de dhoras a sheomra le ceann acu. Osclaíonn an doras, lasann an solas agus téann isteach.*)

Radharc a Dó

Seomra Danny. Gnáthsheomra leapa atá ann. Leaba le balla, vardrús, agus scáthán mór ard soghluaiste a théann síos go talamh i lár. Cuirtín plaisteach mar a bhfuil cith ar a chúl. Pictiúir etc. *ar na ballaí. Pictiúr mór de Cynthia i bhfráma ar an mboirdín gléasta.*

Baineann DANNY *de a* anorak *agus tógann amach páipéar plaisteach a bhí i bhfolach istigh faoi. Ligeann sé osna ar nós duine a bheadh tuirseach smaointeach. Leagann an mála ar an leaba. Suíonn síos, a chúl iompaithe leis an lucht féachana. Tógann an páipéar plaisteach ina lámh. Tógann baill éadaigh amach as ach níl an lucht féachana in ann iad a fheiceáil i gceart. Láimhseálann iad go cúramach, amhail is dá mbeadh gean faoi leith aige orthu. Féachann orthu athuair, á scrúdú. Fáisceann lena ucht iad go ceanúil.*

DANNY: Cynthia. Cynthia.
    (*Osclaíonn amach an tarraiceán íochtarach agus sacann isteach ann iad, chomh fada isteach agus atá ann. É ina sheasamh*) Cén diabhal atá ar chor ar bith orm? (*Sos. Osna. Suíonn sé síos ar chathaoir ar aghaidh an lucht féachana. Scaoileann siar é féin go machnamhach.*)
    Meas tú, a Cynthia . . . (*Ag féachaint ar an bpictiúr*)
    Meas tú . . . Ara. Damn!

(*Éiríonn sé ina sheasamh. Baineann de a gheansaí agus a léine agus caitheann ar a leaba. Baineann de a T-léine. Bolaíonn de agus caitheann ar a leaba. Suíonn sé síos agus baineann de a bhróga is a stocaí. Éiríonn ina sheasamh. Seasann soicind go machnamhach. Baineann de a threabhsar go mall, é soiléir go bhfuil sé ag smaoineamh go domhain ar rud éicint eile san am céanna. Filleann é go mall agus leagann ar an leaba é. Seasann sé suas os comhair an scátháin agus gan air ach a fhobhríste. Déanann cúpla* pose, *beagán banúil ach gan dul thar fóir. Téann chuig doras dúnta a sheomra, ag labhairt amhail is dá mbeadh ag caint lena athair.*)
Meas tú an mairfidh tusa i bhfad eile thíos ansin? (*Sos*) Foc me! (*Sos*) Foc me, Danny! Cén sórt rud é sin le rá? (*É ag cur na ceiste air féin mar a bheadh iontas agus náire air gur dhúirt sé é. Casann sé thart agus téann chuig an taobh eile den seomra ina bhfuil cuirtín plaisteach an chithfholctha. Casann sé air an t-uisce ionas go mbíonn fuaim an uisce le cloisteáil ag scairdeadh i gcoinne an chuirtín. Téann trasna an tseomra le tuáille glan a fháil. Filleann ar an gcith agus sacann isteach a lámh faoin uisce agus é ag fanacht is ag fanacht nó go mbíonn sé te. É ag éirí beagán mífhoighneach de réir a chéile*) Ná habair go bhfuil an focain uisce te ar fad úsáidte freisin aige. (*Sos. A lámh fós istigh faoin gcith*) Buíochas mór le Dia.
(*Soilse síos go mall. Tarraingíonn* DANNY *síos a fhobhríste, agus isteach leis faoin gcith ag crochadh*

an tuáille amuigh san am céanna. Lena linn bíonn an solas ag ardú ar an gcistin/seomra suite ina bhfuil Coilimín ag léamh an pháipéir, nó ag útamáil leis ar a laghad ar bith. Tá cuid de leathanaigh an pháipéir tite chaon taobh de agus is go hamscaí a chasann sé thart na leathanaigh.)

Radharc a Trí

Seomra suí/cistin.

COILIMÍN: Dheamhan foc all ar an bpáipéirín seo. Ní fiú a bheith á gceannacht ar chor ar bith, ní fiú sin. (*Sos*) Ach ansin mura gceannaíonn tú iad ceapfaidh tú go bhfuil tú ag missáil rud éicint. (*Sos*) Bean éicint thall i Louisiana a bhfuil ocht gcinn fhichead de chait aici . . . Á muise. (*Ag léamh*) 'They take turns sleeping with me in my bed.' Nach beag an imní atá uirthi go dtosóidís ag crúcáil a gabhail i lár na hoíche. Ach b'fhéidir go bhfuil siad traenáilte go maith aici. (*Ag léamh. Teannann an páipéar isteach níos gaire dá shúile.*) 'Since I was a child I was scared of mice and so began my lifelong relationship with cats . . .' Caithfidh sé go bhfuil sí féin *cat*. B'fhéidir gurbh as Kilkenny a tháinig a muintir. M'anam gur dóigh nach dtiocfaidh aon luch i bhfoisceacht scread asail dise, ar aon nós. (*Ag léamh*) 'I have them all on a different diet.' A leithéid d'asal. Is dóigh nach n-aithneodh na cait sin céard is luch ann. A leithéid de ráiméis. Ba chóir catscan a chur ar a cloigeann. (*Ag léamh*) 'I hope to be reborn as a cat in my next life.' Reborn go deimhin. (*Ag filleadh an nuachtáin go hamscaí*) A leithéid de ráiméis ar pháipéar Éireannach. Cén

COILIMÍN: *They take turns sleeping with me in my bed.*

mhaith do mhuintir na hÉireann scéal mar sin a bheith ar eolas acu? (*Sos*) Caithfidh sé an t-am do dhaoine. (*Sos*) Do dhaoine nach bhfuil tada níos fearr le déanamh acu. (*Sos*) Dheamhan ar mhiste le cuid a'ainn, a dheirfiúirín, dá saolófaí i d'eilifint sa gcéad saol eile tú. (*Ag bualadh an pháipéir i gcoinne a ghlún*) I d'asal, more like it! (*Leagann an nuachtán síos lena thaobh ar an urlár. É mar a bheadh cineál tochta tagtha air. Ardaíonn a lámha ar uillinneacha na cathaoireach amhail is dá mbeadh ar tí éirí, ach ní éiríonn. Ligeann siar é féin sa chathaoir arís. Féachann i dtreo sheomra Danny, cluas air mar a bheadh ag súil le huisce an chithfholctha a chloisteáil.*)

Tá súil a'm nach báite thuas sa shower atá sé seo, ar aon nós, is chomh fada is atá sé. Á, ní hea. Ní fhéadfadh sé a bheith báite sa shower mar ní féidir duine a bháthadh i shower. Dá mba bath a bheadh sé ag tógáil ceart go leor, scéal eile ar fad a bheadh ann. Tá bathannaí i bhfad níos contúirtí. Tá sé míle uair níos éasca duine a bháthadh i mbath. Ach ós rud é nach bhfuil aon bhath thuas staighre beidh sé ceart go leor, beidh sin. (*Sos*) Ar aon nós, nach eisean atá in ainm is a bheith ag breathnú amach domsa is ní mise atá ceaptha breathnú amach dósan. (*Gáire*) (*Sos*) Níl ann ach gur maith le Danny bocht s'againne an shower. Ceann ar maidin is ceann san oíche. Ceann eile i lár an lae. Dheamhan aithne nach thall i Meiriceá atá sé lena chuid showerannaí. Dheamhan shower ná bath a bhíodh a'ainne nuair a bhí muide ag

éirí aníos ach uair nó dhó sa mbliain . . . é sin agus
dul ag snámh sa samhradh . . . is m'anam, by dad,
mura raibh féin nach raibh aon drochbholadh uainn.
Nó má bhí, bhí an boladh céanna ó chuile dhuine
ionas nár fritheadh é, ach é buildeáilte isteach inár
gcuid systems, inár gcuid craicinn.
(*Buailtear cnag ar an doras.*
Díríonn COILIMÍN *aniar.*)

COILIMÍN: An bhfuil duine éicint ansin?

MEAIGÍ (*ón taobh amuigh go gealgháireach*): Níl duine
ná deoraí anseo, a Choilimín! Taibhsí agus sióga atá
ag bualadh ar an doras a'd. (*Scairt gháire. Tagann*
MEAIGÍ *isteach.*)

COILIMÍN: Go mba é dhuit, a Mheaigí, is do chéad fáilte.
Póigín!
(*Cuireann sé leiceann air féin agus tugann* MEAIGÍ
póg bheag dó go dualgasach. Féachann sí timpeall
go hamhrasach, is i dtreo sheomra Dharaigh.)

COILIMÍN: Tá tú alright, a Mheaigí. Tá Darach imithe
amach, féadfaidh tú tú féin a relaxáil.

MEAIGÍ: Ó, míle buíochas le Dia. Cén chaoi a bhfuil tú
ar aon nós, a Choilimín?

COILIMÍN: Ó, muise, lá go maith is lá go dona, a Mheaigí,
a chroí, lá go maith is lá go dona. Ach tá mé ag
ceapadh de réir a chéile go mbím níos mó laethanta
go dona ná mar a bhím go maith.

MEAIGÍ: Ara, ní bhíonn tú, a Choilimín, tá tú ag breathnú
togha. Ort féin atá sé.

COILIMÍN: Deile, nach orm féin atá sé. Nerves, an
dtuigeann tú? An té a bhfuil nerves air . . . Tá mé

ag ceapadh, a Mheaigí, go mb'fhearr dom a bheith
caillte ná a bheith sa riocht seo.

MEAIGÍ (*á coiscreacan féin*): Ó, 'Mhaighdean Mhuire, a
Choilimín, ná bí ag caint mar sin. Nach bhfuil fhios
a'd nach maith liom a bheith ag caint faoin saol eile
is muid fós ar an saol seo?

COILIMÍN: Is ní maith liomsa a bheith ag smaoineamh ar
an saol seo . . . Ach nach ar an mbás atá mé ag caint
is ní ar an saol eile. Súr, ní móide go bhfuil saol eile
ar bith ann.

MEAIGÍ: Ó, caith in aer é mar scéal, a Choilimín, a
leanbh. Tá tú in ann teacht amach ag an mbiongó,
nach bhfuil? Déanfaidh sé maith dhuit.

COILIMÍN: Flipin súr go bhfuil mé ag dul amach ag an
mbiongó, a Mheaigí, dá mba ag lámhacán a rachainn
ann. Rud ar bith ach dul taobh amuigh de bhallaí an
tí seo. Cá bhfios nach mbuafadh muid an jeaicpot
idir an bheirt a'inn. (*Ag bualadh a dhá bhois ar a
chéile*) Chuaigh mé i bhfoisceacht ceann amháin dó
an oíche cheana, chuaigh sin . . . is gan uaim ach na
legs eleven (*Ag crochadh a dhá mhéar. Strainc
bheag ar Mheaigí*)
Ach bíonn siad ag fógairt amach na n-uimhreacha
rósciobtha, a Mheaigí.

MEAIGÍ: Ó, mo chuimhne is mo dhearmad, a Choilimín,
(*Ag tógáil clúdaigh as póca a cóta*) fuair mé tuilleadh
coupons duit. Dóbair dom iad a dhearmadú.

COILIMÍN: Lyons Tea, ab ea?

MEAIGÍ: Lyons Tea, deile. Tá ocht gcinn ar an gcárta
seo. Dúirt mé liom féin dá bhfaighinn bosca mór

tae go mbeadh ocht gcinn air agus go mbeadh do dhóthain ansin a'd le cur isteach ar an gcomórtas don charr.

COILIMÍN: Dhá scór a theastaíonn, nach ea, is tá thirty two a'm cheana. Lá éicint a mbeidh am a'd caithfidh tú an cárta a líonadh dom . . . mar gheall ar na shakes atá ar mo lámh fhéin, an dtuigeann tú . . .

MEAIGÍ: Is tá coupons Weetabix a'm freisin duit, a Choilimín, má bhíonn tú dá mbailiú ach ní bhíonn aon duaiseanna móra astu sin.

COILIMÍN: Is beag é seachas boscaí tin Weetabix, cé go dtugann siad amach corr exercise bike. (*Smaoiníonn.*) Nár chuir muid bleaist acu sin chun bealaigh mí ó shin?

MEAIGÍ: Ach siad coupons Lyons Tea is tábhachtaí.

COILIMÍN: Á 'dhiabhail, a Mheaigí, dá mbuafadh muid an carr nach a'inn a bheadh an chraic. D'fhéadfadh muid dul ag an mbiongó chuile Chéadaoin inti. (*Sos*) Agus ag cúirtéireacht.

MEAIGÍ: Céard?

COILIMÍN: D'fhéadfadh muid dul ag cúirtéireacht sa gcarr, a Mheaigí, an bheirt a'inn ar an gquiet anois is aríst.

MEAIGÍ (*ag aontú leis ar mhaithe le haontú leis*): M'anam go bhféadfadh.

COILIMÍN: Ach, a Mheaigí, bheadh problem beag amháin a'inn. Níl aon duine a'inn in ann driveáil, níl sin. Is ní féidir carr a thiomáint gan driver. (*Cineál díomá air, é ag ardú a dhá lámh, amhail lámha tiománaí ar roth stiúrtha cairr*)

MEAIGÍ: Chaithfeadh muid driver a hireáil ansin.

COILIMÍN: Chaithfeadh. (*Díomá air*) Dhéanfadh sé praiseach den chúirtéireacht. Ag breathnú siar sa scáthán orainne sa mbackseat a bheadh sé in áit breathnú amach roimhe.

MEAIGÍ: Maraithe ar an mbóthar a bheadh muid aige, a Choilimín, muid féin is an driver, agus b'fhéidir beirt nó triúr eile.

COILIMÍN: Bheadh sé alright a bheith maraithe ach bheadh muid náirithe sa mullach ar an méid sin. Nach iad na páipéir bheaga a bhainfeadh na headlines as.

MEAIGÍ: Ó, 'Mhaighdean Mhuire, náirithe os comhair an tsaoil.

COILIMÍN: Is na marbh! (*Sos*) Meas tú nach in é an fáth go bhfuil an oiread á marú ar na bóithre, a Mheaigí? Léigh mé sa bpáipéar an tseachtain seo caite gur maraíodh beagnach cúig chéad duine ar na bóithre in Éirinn le bliain anuas . . . nach uafásach an méid é . . . meas tú nach ag cúirtéireacht a bhí a leath? (*Sos*) Níl mé ag rá gur drochbhealach ar fad é le bás a fháil . . . bás a fháil ag cúirtéireacht atá i gceist a'm, ní ar an mbóthar . . . d'fhéadfadh duine bás a fháil ag déanamh rud níos measa.

(*Tá Meaigí ag éisteacht leis an gcaint seo ar mhaithe le bheith múinte, agus ligeann leis. Is léir nach é an cinéal cainte é a thaitníonn léi, cé nach gcuireann sé isteach rómhór uirthi ach oiread. Í ag pointeáil rudaí beaga ar fud an tí. Sos fada*)

COILIMÍN: Sorry, a Mheaigí. Sorry, ach tá mé ag déanamh an iomarca cainte is níor chuimhnigh mé nach maith leatsa a bheith ag caint faoi na rudaí seo.

MEAIGÍ: Tá tú alright, a Choilimín. Is beag rud nach
bhfuil cloiste a'msa cheana.

(*Sos*)

COILIMÍN: Ó, sa shower atá Danny.

MEAIGÍ: Ah?

COILIMÍN: Thuas ag tógáil shower atá Danny, a deirim.

MEAIGÍ: Ó!

COILIMÍN: Is maith leis a chuid showerannaí. Deir sé go
relaxálann siad é. Na muscles.

MEAIGÍ: Ó, chreidfinn é.

COILIMÍN: Tógann sé trí nó ceithre shower laethanta.

MEAIGÍ: Muise. Tá deirfiúr a'msa thall i Meiriceá agus
cónaíonn sí istigh sa shower. Bridgie s'againne.
Aon uair a ringeáilim í, amach as an shower a
bhíonn sí ag caint. Tá teileafón istigh sa shower aici.
I Florida atá sí agus mharódh sé nigger leis an teas
thall ann, a dúirt sí.

COILIMÍN: Ach, ar ndóigh, sin é Meiriceá a'd. Ní grian ná
teas atá i gConamara ach báisteach, fuacht is
dampness.

MEAIGÍ: Ó, 'Mhaighdean Mhuire, nach bhfuil fhios ag
mo chnámhasa go maith é.

COILIMÍN: Ach á níochán féin a bhíonn Danny.

MEAIGÍ: Ah?

COILIMÍN: Danny. Á níochán féin a bhíonn sé sa shower,
a deirim. Tá mé ag ceapadh. Ach meas tú an
mbeadh sé ag déanamh tada eile is é ann chomh
minic sin?

MEAIGÍ: Ó, 'Mhaighdean Mhuire! (*Uafás ar Mheaigí.
Cuireann lámh ar a béal.*)

COILIMÍN (*go magúil*):   An gcuirfidh tú ceist air ach a dtiocfaidh sé anuas?

(*Osclaíonn doras sheomra Danny agus tagann sé amach ar bharr an staighre. É gléasta in íochtar* tracksuit *agus jersaí éadrom. Tá a ghruaig nite agus cuma phioctha réitithe air.*)

DANNY: Óra, a Mheaigí, níor airigh mé ag teacht isteach ar chor ar bith tú. (*É ag teacht anuas an staighre.* MEAIGÍ *ag breathnú air. Cúlaíonn sí siar coisméig.*)

Caithfidh sé go raibh mé istigh sa shower.

MEAIGÍ: Ó, ní féidir tada a chloisteáil istigh sa shower. Nach bhfeiceann tú sna films i gcónaí iad, ag briseadh isteach i dtithe is á robáil nuair a fhaigheann siad daoine istigh sna showers. (*Le Coilimín*)   Nach fearr dúinn a bheith ag bogadh linn, mar sin? Is gearr uainn am an bhus. An bhfuil tú réidh?

COILIMÍN (*ag éirí ina sheasamh*): Réidh?   Nach bhfuil mise réidh ó tháinig mé abhaile ón mbiongó deireanach.

DANNY (*le Coilimín*): Do chóta. (*Cuireann* COILIMÍN *air a chóta go mall místuama le cabhair ó Danny.*) Good luck anois. Tá súil a'm go mbuafaidh sibh rud éicint.

COILIMÍN (*ag dul amach an doras*): Buachtáil nó gan buachtáil, nach cuma. Nach cuma chomh fada is nach maraítear Meaigí anseo ar an mbóthar.

DANNY: Is mó den bhóthar a thógann tusa suas ná Meaigí, sílim. (*Dúnann sé an doras ina ndiaidh.*)

Radharc a Ceathair

Ar lean ón radharc roimhe. Cuireann DANNY *a dhroim leis an doras. Tarraingíonn anáil fhaoisimh.*

DANNY: Buíochas mór le Dia na Glóire! (*Siúlann sé timpeall na cistine ansin cúpla uair ag machnamh is a chloigeann faoi aige.*) Biongó, biongó, biongó . . . (*Croitheann a chloigeann. Sos. Aoibh bheag air*) Dé Céadaoin. Dé Céadaoin. (*Go machnamhach amhail is dá mbuailfeadh smaoineamh é. Suíonn sé síos is piocann suas an nuachtán beag. É ag breathnú tríd. Stopann mar a bheadh ag breathnú ar phictiúr faoi leith. A dhá chos scartha aige go téisiúil. Leagann a lámh ar a mhagairlí. Stopann. Tarraingíonn a lámha trasna a bhrollaigh. Féachann thar a ghualainn amhail is dá mbeadh duine taobh thiar de. Filleann an páipéar agus leagann uaidh é. Seasann.*
         Téann sé go dtí an fhuinneog agus tarraingíonn na cuirtíní. Téann chuig doras na sráide. Cuireann an bolta air. Smaoiníonn air féin ansin. Baineann an bolta de arís. Seasann go smaointeach. Féachann timpeall an tí. Téann i dtreo an staighre, suas an staighre. Sul má théann isteach ina sheomra féachann síos go hamhrasach ar an teach is ar an doras babhta amháin eile. Dúnann sé amach an

doras. Istigh sa seomra osclaíonn sé an vardrús.
Féachann isteach ann tamaillín. Tógann amach
gúna fada. Nodann a chloigeann go sásta agus
crochann ar an doras é. Casann thart agus
tarraingíonn de a jersaí agus ansin íochtar a
tracksuit, *á gcaitheamh ar an leaba. Seasann sé os*
comhair an scátháin is gan air ach a chuid fobhrístí,
a chúl iompaithe leis an lucht féachana. Socraíonn a
chuid gruaige beagán. Féachann air féin sa scáthán.
Cuireann sé a lámha ar a bhrollach amhail is dá
mbeadh dhá chíoch air agus baineann cor nó dhó as
uachtar a cholainne. Téann sé trasna an tseomra
ansin go dtí an boirdín gléasta agus tarraingíonn
amach an tarraiceán íochtarach. Tógann amach an
máilín plaisteach a shac sé isteach ann níos luaithe.
Tógann aníos lingerie *mná – brístín agus cíochbheart*
– as. Bolaíonn díobh agus tarraingíonn isteach anáil
dhomhain. Faoiseamh le feiceáil ina éadan. Téann
sé siar ar chúl an scátháin agus nuair a thagann sé
aniar bíonn an brístín air. Seasann tamaillín os
comhair an scátháin á fhéachaint féin. Bíonn sé ar tí
an cíochbheart a phiocadh suas nuair a bhuailtear
cloigín an dorais. Reonn DANNY, *geit bainte as. É*
ina sheasamh soicind) Foc! (*Sos*) Nó an ar mo
chluasa atá sé? (*Sos. Ag éisteacht.*
Buailtear an cloigín arís.)
Foc, foc, foc duine éicint! Leaba do dhaoine aire a
thabhairt dá ngraithe féin. (*É ag tarraingt air a*
tracksuit *is a jersaí.*
Buailtear an cloigín arís.)

Foc an áit seo! Foc Conamara! (*É ag teacht anuas an staighre*) Cibé cé atá ann imeoidh sé sciobtha. AG TEACHT! (*Osclaíonn sé an doras. Léimeann* CYNTHIA *isteach thar an tairseach.*)

CYNTHIA: Hi! Surprise, surprise! (*Tugann glac bláthanna dó, á mbrú isteach ina bhrollach agus pógann sí é.*)

DANNY: Cynthia! Ní surprise ach seac. (*Is léir go bhfuil geit mhór bainte fós as is iontas air.*) Ní raibh aon tsúil a'm leatsa anocht.

CYNTHIA: Ach súr, ní surprise a bheadh ann dá mbeadh. Ní chaithfidh mé appointment a dhéanamh leat, an gcaithfidh? . . . Chonaic mé Darach s'agaibhse ag dul síos chuig an bpub agus ós í oíche an bhiongó a bhí ann bhí fhios a'm go mbeifeá leat féin . . . agus dúirt mé liom féin, there and then, ar fhaitíos go mbeadh uaigneas ort, (*Go magúil*) why not . . . (*Beireann sí barróg air agus pógann siad a chéile. Ise i bhfad níos díograisí ná Danny, rud a thugann sise faoi deara*) Nach bhfuil áthas ort mé a fheiceáil, a Danny?

DANNY: Tá, a Cynthia, tá, cinnte. (*An chuma air go bhfuil sé ag déanamh níos mó iarrachta*) Níl ann ach gur tháinig tú aniar aduaidh orm. (*Iad ag scaoileadh greama dá chéile*) Thuas staighre a bhí mé agus scanraigh fuaim an chloigín mé. Ar tí shower a thógáil a bhí mé agus–

CYNTHIA: Bhí tú? (*Ag bolú de. Amhras beag uirthi*) Feictear domsa go bhfuil tú nite glanta sciúrtha mar atá tú. (*Tugann póg eile dó.*)

DANNY: Th'éis shower a thógáil atá mé ag iarraidh a rá.

CYNTHIA: An bhfuil tú cinnte nach rud éicint eile a bhí idir lámha a'd?

DANNY: Cynthia! (*Imíonn sé trasna uaithi agus casann air an citeal mar leithscéal.*) Caife?

CYNTHIA: Nílim ach ag fiafrú . . . ócé agus, ar aon nós, níl tada mícheart leis sin, nuair nach mbímse thart. Go deimhin recommendálfainn é scaití mar go mb'fhearr liom go mbeifeá dá dhéanamh ná cathú a bheith ort dul i mbradaíl orm.

DANNY: Cynthia!

CYNTHIA: Ach gan nós a dhéanamh de . . . Deirtear go bhfuil sé go dona nuair a dhéanann duine nós de. Mar go n-éiríonn duine róchleachtaithe lena bhealach féin amháin agus–

DANNY: Cynthia . . . ní stopann tú!

CYNTHIA: Sé sin, mura mbeadh sé i gceist ag duine a shaol ar fad a chaitheamh leis féin nó, b'fhéidir, dul sna sagairt. Is dóigh go mbeadh sé ceart go leor sa gcás sin. Duine a bheith á dhéanamh leis féin i gcaitheamh a shaoil. (*Leagann sí a lámh ar a ghléas.*

Léimeann sé.)

DANNY: Stop, a Cynthia, más é do thoil é!

CYNTHIA: Sorry, a Danny. Sorry, a stór. Níl ann ach go bhfuil mé . . . (*Sos*) just go bhfuil mé cineáilín flighty anocht. Flighty agus filthy. Céard atá ort? Is gan istigh ach an bheirt a'ainn. Am maith le haghaidh quickie. Sin an méid . . . ba cheart duit loosenáil suas beagáinín, ar aon nós, a Danny, gan a bheith chomh uptight.

DANNY: Loosenáil suas?

CYNTHIA: Tuigeann tú céard atá i gceist a'm. Céard atá ort anocht? (*Seasann sí siar coisméig.*) Ócé, mar sin, b'fhéidir gur droch-idea a bhí ann teacht gan choinne mar seo. Sorry faoi sin. Just relax anois. Tarraing d'anáil. Sea, tarraing anáil dhomhain. (*Tarraingíonn sí anáil dhomhain, í ag féachaint air go ceanúil.*)

DANNY: Ceart go leor, Cynthia! Baineadh geit asam, sin an méid.

CYNTHIA: Tá brón orm faoi tú a mhealladh anuas as do sheomra, fiú mura raibh tada speisialta á dhéanamh a'd ann.

DANNY: Is maith liom mo sheomra, sin an méid.

CYNTHIA: Agus is maith liomsa do sheomra freisin. Gabh i leith uait suas go beo. Beidh tú in ann relaxáil níos fearr ar an leaba. (*Téann sí go bun an staighre. Uafás ar Danny*)

DANNY: Cynthia! Fan nóiméad! Fan nóiméad! (*Sos*) Tá rud éicint a'msa duitse. Surprise! Ach caithfidh tú fanacht ansin. Tabharfaidh mé anuas a'd é. Ócé? (*Iontas agus áthas ar Cynthia ach fanann, go smaointeach.*

Téann DANNY *suas an staighre, é ag caitheamh súil siar thar a ghualainn ar fhaitíos go leanfadh sí é. Chomh luath agus a bhíonn sé istigh ina sheomra gluaiseann sé i bhfad níos tapúla. Tarraingíonn de íochtar an* tracksuit *agus an brístín agus tarraingíonn air a fhobhríste féin agus íochtar an* tracksuit *arís. Sacann an brístín agus an cíochbheart isteach sa drár íochtarach. Sciobann an gúna agus sacann isteach faoin leaba é. Féachann timpeall an tseomra lena chinntiú go bhfuil gach rud in ord agus téann ar thóir rud éicint le tabhairt leis agus bís air. Piocann suas boiscín beag den bhoirdín gléasta agus bíonn ar tí siúl amach an doras nuair a thugann faoi deara go bhfuil a jersaí curtha taobh istigh dá* tracksuit *aige. Tarraingíonn amach é agus tagann amach as a sheomra, ag déanamh a bhealaigh síos an staighre go mall.*

DANNY: Á, níl ann ach, ach rud beag.

CYNTHIA: Flavoured. (*Í ag tógáil an bhosca coiscíní ina lámh*) Strawberry, Passion Fruit . . . Banana.

DANNY: Bhuel! Céard a cheapfá?

CYNTHIA: Ó, an-spéisiúil go deo.   Cinnte, b'fhiú iad a thriail. Is fiú rud ar bith a thriail. Thosóinn féin leis an mbanana! (*Í ar tí a lámh a leagan air nuair a chúlaíonn sé siar coisméig*)

DANNY: Ar ball beag. An mbeidh caife a'd?

CYNTHIA: Beidh, mar thús! (*Gáire. Í ag tógáil cuid de na coiscíní amach as an mbosca*)

DANNY: Mar thús!   Agus mar dheireadh, tá brioscaí ann freisin agus swissroll.

CYNTHIA: Swissroll, lá ar bith. Cén flavour?

DANNY: Seacláid.

CYNTHIA: Seacláid. Go deas. Fattening ach go deas. Nach ndeirtear go dtugann seacláid fuinneamh breise do dhuine? An raibh a fhios a'd sin?

DANNY: Dáiríre! (*Go leathmhagúil*) An iomarca fuinnimh a bhíonn a'dsa, scaití.

CYNTHIA: *Thosóinn féin leis an mbanana!*

CYNTHIA: Ah? Agus cuireann sé iúmar maith ar dhaoine freisin. Ní éiríonn siad depressed chomh héasca. Ba chóir do dhuine píosa seacláide a ithe chuile lá. Léigh mé é sin sa *Reader's Digest.*

DANNY: Ar léigh?

CYNTHIA: Ba chóir do Dharach s'agaibhse seacláid a ithe chuile uair an chloig is ní bheadh sé chomh cantalach is chomh moody ag dul thart.

DANNY: Níl ann ach fanacht as a bhealach, chomh fada agus is féidir.

CYNTHIA: Chomh fada agus is féidir. (*Sos*) Fág cúpla slice dó, ar aon nós, cé dá n-íosfadh sé uile é nach mbeadh a dhóthain ann dósan, déarfainn.

(*Tugann* DANNY *cupán caife di agus slis de swissroll.*)

CYNTHIA: An suífidh muid síos ar an gcathaoir?

DANNY: Suífidh.

(*Íslíonn* DANNY *an solas roinnt.*
Ólann siad beirt braonacha as an gcaife. Itheann geamp den cháca. Féachann go grámhar i súile a chéile. Bíonn a lámha atá saor caite thart ar a chéile. De réir a chéile leagann siad uathu na cupáin. Bíonn siad beirt leathshínte siar ar an gcathaoir mhór, iad i ngreim agus ag muirniú a chéile, ach ní go trom, ar feadh tamaill. Fonn ar Cynthia níos mó crúbála a dhéanamh)

DANNY: Go réidh anois.

CYNTHIA: Nár bholtáil tú an doras?

DANNY: Níor bholtáil mé an doras.

CYNTHIA: Ara, níl aon locht a'msa ar bheagáinín

contúirte, ar aon nós. (*Ag éirí beagán garbh*)
Cuireann sé leis an excitement.

DANNY: Más ea, ní anseo anocht é . . . Má thagann an seanleaid abhaile luath ón mbiongó. Nó dá gcaillfidís an bus.

CYNTHIA: Ach nach bhfuil an seanleaid caoch?

DANNY: Ach níl Meaigí. Feiceann sise sa dorchadas. Ar nós cait.

CYNTHIA: Ar nós cait?

DANNY: Sea. Feiceann cait sa dorchadas. Cosúil le do dhá lámhsa!
(*Solas ag ísliú go mall*)

CYNTHIA: Díreach beagáinín cuimilte, mar sin.

DANNY: Cuimil leat . . .

CYNTHIA: Thuas seal, thíos seal.

DANNY (*théis tamaillín*): Suigh i mo ghabhal, mar seo.
(*Iad i ngreim ina chéile go grámhar. Sos fada. Fáisceann siad a chéile, ó am go chéile. Ceol éadrom*)

CYNTHIA: Danny! (*Sos*) An bpósfaidh tú mé?
(*Ligeann Danny osna bheag.*)

DANNY (*dáiríreacht*): Shíl mé gur fhreagair mé an cheist sin cheana.

CYNTHIA: Ach ba mhaith liom an freagra a chloisteáil aríst.

DANNY (*idir shúgradh is dáiríre*): Cuir an cheist aríst, mar sin.

CYNTHIA: An bpósfaidh tú mé?

DANNY: Pósfaidh mé tú, a Cynthia. Cinnte. Pósfaidh.

CYNTHIA: Ach cén uair? (*Cineál mífhoighneach*)
(*Pógann* DANNY *í.*)

DANNY: Níl fhios a'm (*Sos*) fós . . .

CYNTHIA (*go magúil, ar nós seanmhná mantaí*): Níl muid
ag fáil tada níos óige.

DANNY (*go magúil freisin*): Níl. Ach níl muid sean ach
oiread.

CYNTHIA (*dáiríre*): Níl, ach ní hin é an chaoi le breathnú
air. (*Gáire beag ón mbeirt*) Tá sé in am a'inn socrú
síos ceart.

(*Íslítear na soilse tuilleadh go han-mhall ach ní
mhúchtar ar fad iad. An bheirt acu i ngreim ina
chéile. Ceol bog. Is léir go mbíonn cuimilt chrua i
gceist.   Iad ag pógadh a chéile go craosach.
Múchtar na soilse.*

*Cloistear tic toc cloig chun imeacht ama a léiriú.
Sos. Iad caite os cionn a chéile.*

Osclaítear an doras agus tagann DARACH *isteach
agus é súgach go maith.   Casann air an solas.
Suíonn an bheirt aniar. Preab bainte astu, iad tar
éis a bheith leath ina gcodladh.*)

DARACH: Ó-ó! An bhfuil mé ag cur isteach ar rud éicint?
(*Geit bainte as an mbeirt. Díríonn iad féin.*)

DANNY: Tá tú ar ais.

DARACH: Ó, níl mé, a Danny. (*Go searbhasach*) Níl mé,
muis. (*É ag baint de a chóta agus ag siúl timpeall
an tí*) Thíos sa bpub atá mé i gcónaí, áit a bhfuil
shower cuntannaí Man. United ag béiceach as
éadan. Nach bhfeiceann tú go bhfuil leathphionta i
mo lámh agus pionta eile os mo chomhair amach?
(*É ag siúl timpeall.*

DANNY *ag tarraingt suas íochtar a* tracksuit *agus*

CYNTHIA *ag díriú a cuid éadaigh uirthi féin. Cineál náire orthu agus iad ag iarraidh a gcúl a choinneáil iompaithe le Darach a sheasann suas ag stánadh orthu, go háirithe ar Cynthia d'aon ghnó, agus ag baint sásaimh as a gcás.*)

Ag brionglóidí atá sibh go bhfuil mé ar ais. Drochbhrionglóid atá agaibh i lár bhur gcuid, bhur gcuid . . . Nightmare.

CYNTHIA: Faraor.

DARACH: Ah?

CYNTHIA: Tada.

DARACH: Tada is right. Agus cén chaoi a bhfuil Cynthia anyways? (*Tugann póg bhréige di.*) Cynthia s'againne. Bhuel, beagnach uair éicint? Is dóigh.

CYNTHIA: Alright!

DARACH: Alright! An in é an méid? Níl tú ach alright agus tú in éineacht le do loverboy ag fáil do . . . (*Sos*) chuimiltín. Shílfeá go mbeifeá dynamite ina dhiaidh. Nó caithfidh sé nach bhfuil aon mhaith leis. (*Sos*) Nach bhfuil aon teacht aniar ann ag cur an phixie siar air!

DANNY (*le Cynthia*): Ná bac leis.

DARACH: Ná bac le mac an bhacaigh is ní bhacfaidh mac an bhacaigh leat. (*Le Cynthia*) Cén neart atá a'amsa air. Mé ag teacht abhaile th'éis mo dheoch is gan uaim ach suí síos dom féin ar an gcathaoir mhór. Ach céard a bheadh le feiceáil a'm romham ansin ach do dhá chos scartha. (*Sos*) Ceann acu ag pointeáil amach ar Árainn, an ceann eile ag pointeáil suas ar Chnoc Mordáin. (*Gáire*) Is éard atá wrong leis an mbeirt agaibhse anois, ná nach bhfuil sibh ag cuimilt a chéile sách maith. Sách crua. As an gcuimilt a thagann na sparkannaí is na lasrachaí, an dtuigeann sibh?

DANNY: Nach cuma dhuitse.

DARACH: Ó, is cuma dhomsa, agus is cuma liomsa sa diabhal. Níl mise ach ag tabhairt comhairle bhur leasa saor in aisce daoibh.

DANNY: Níl do chomhairle uainn.

DARACH: Bhuel, sin an rud iontach faoi chomhairle, an dtuigeann tú? Is féidir glacadh léi nó gan glacadh léi. Ach deirtear go bhfuil na rudaí is fearr ar domhan le fáil saor in aisce. An bhfuil aon deoir tae sa taepot? (*Ag dul chuig an* range)

CYNTHIA: Breathnaigh ann is beidh fhios a'd é.

DARACH (*ag aithris uirthi*): Breathnaigh ann is beidh fhios a'd é! Ó, a dhiabhail, nach thusa tú féin atá ag éirí touchy agus tú istigh i dteach na gcomharsan. Is mór a déarfá dá mbeifeá ar d'urlár féin. Ní deas an chaoi é sin le labhairt le fear an tí. (*Sos*) An bhfuil aon chaint agaibh pósadh, ar aon nós? Tá sibh sách fada ag smúrach ar a chéile faoi seo.

DANNY: Nach mór a bhaineann sé duit. (*É ag éirí tuirseach dá chuid ceisteanna*)

DARACH: An rud a théanns i bhfad, deir siad, téann sé i bhfuaire. Tá mé ag ceapadh gurb é a fhearacht agaibhse é. Ach d'fhéadfadh an-bhainis a bheith ann, mar sin féin. Nuair a thiocfadh an dá gheaing le chéile. (*Gáire. Le Cynthia*) M'anam go bhféadfadh row maith a bheith ann freisin. Muintir

Ros Muc, an dtuigeann tú. Lucht scine. Prodáil.
Agus nuair a bheadh sé sin measctha leis an mbraon
as Inis Meáin d'fhéadfá sparkannaí a fheiceáil ag
éirí as créafóg. Lethal, a dheirfiúr. Lethal. (*Gáire
maslach*)

(*Féachann* CYNTHIA *ar Danny amhail is dá mbeadh
sí ag súil le tacaíocht uaidh.*)

DANNY (*le Darach*): Caitheann tusa do shaol ag maslú
daoine. Agus maidir leis an mbainis, bhuel, ní
bheidh tú ann, so forget it.

DARACH: Ní bheidh mé ann nó ní bheidh sí ann. (*Sos*) Ó,
ní dhéanfainn mé féin chomh beag is go ngabhfainn
ann. Má bhíonn duine ar bith ceart ann. Tá níos mó
ná sin de mheas a'm orm féin.

DANNY: Is drochmheas ar chuile dhuine eile.

DARACH (*le Cynthia*): Níl ann ach gur mhaith liom a
bheith ann le haghaidh an deartháirín óg seo a
thabhairt away, an dtuigeann tú, a Cynthia? Le fáil
réidh leis. Lena shála a fheiceáil ag imeacht uainn
den uair dheireanach. Ara, ní fhéadfá bheith ag súil
go ngabhfadh an seanbhuachaill s'againne – é féin is
a mhaide is gan é an-steady ar a chosa – ag crágáil
suas lár an tséipéil lena chuid spreangaidí cama. Is
é an chaoi a mbascfaí iad féin is a mbeadh thimpeall
orthu.

CYNTHIA: Siad na mná a thugtar away, a Dharach, is ní
hiad na fir. An bhfuil a fhios a'dsa tada faoi chúrsaí
pósta?

DARACH (*é maslaithe*): Breathnaigh anois, a iníon
Mhicilín Mharcais an Doirín, féadfaidh tú a bheith

dá ghearradh abhaile. Ar urlár mo thíse atá tú ag caint agus seachain an ndéanfá dearmad air sin–

CYNTHIA: Anois, cé atá touchy?!

DARACH: Ní anseo ag tabhairt aire don seanbhuachaill atá tú.

(CYNTHIA *ag cur uirthi a cóta*)

DANNY: Breathnaigh anois–

DARACH: Breathnaigh anois thusa–

CYNTHIA: Is nár lige Dia go mbeinn i ngar duitse i bhfad.

(DANNY *á treorú amach*)

DARACH: D'fhéadfainn gan tú a ligean thar thairseach an dorais úd choíche aríst. Barring order.

CYNTHIA: Ní fhéadfá, mar nach mbeadh aon deis ansin a'd le dul ag piocadh orm. Agus air sin a mhaireann tú, ag piocadh ar dhaoine. D'aireofá uait an méid sin.

(*Téann* CYNTHIA *agus* DANNY *amach ag dúnadh an dorais ina ndiaidh. Níl a chóta ar Danny, é soiléir gur amach ag fágáil slán aici atá sé.*

Gáireann DARACH, *gáire searbhasach an bhuaiteora.*)

DARACH: Tuilleadh glugair anois agaibh. (*Siúlann sé timpeall an tí, muigín tae ina lámh. Feiceann an glac bláthanna ar an mbord. Piocann suas iad. Bolaíonn díobh.*) Bláthanna. (*Sos. Go searbhasach*) Ó, nach rómánsúil. (*Féachann go tarcaisniúil ar na bláthanna. Ansin cuimlíonn timpeall i gciorcal dá ghléas iad agus cuireann strainc air féin. Cuireann sé tóin siar as féin agus cuimlíonn dá thóin iad, mar dhea, amhail is dá mbeadh sé ag glanadh a thóna leo. Déanann broimneach lena bhéal san am céanna. Ansin caitheann seile orthu. Cuireann strainc air féin agus bíonn ag féachaint timpeall amhail is dá mbeadh ag dul á gcur i bhfolach nó ar tí rud éigin mí-ásach a dhéanamh leo nuair a thagann* DANNY *isteach. Caitheann chuige iad agus beireann* DANNY *orthu, cé nach mbíonn ag súil leo.*)

DARACH: Do chuid bláthanna, a Danny. Bhí mé ag breathnú orthu. Tá boladh breá úr uathu. Bhí siad cúpla euro maith, déarfainn. (*Strainc air le Danny*)

DANNY: Nach mór a bhain siad duit. Ag fágáil lorg do chrúb orthu. (*Á leagan ar an mbord mar a bheidís salach*)

DARACH: Cá bhfios domsa nach a'm fhéin a thug sí iad nó ag an seanbhuachaill – ní raibh d'ainmse scríofa orthu. Tá mé ag ceapadh go fancyáileann sí mise, an dtuigeann tú? (*Sos*) B'fhéidir go bhfuil fhios aici go bhfuil rud éicint a'm nach bhfuil a'dsa.

DANNY: Tá tú chomh thick le mo thóin.

DARACH: Ó, is an bhfuil do thóinse thick? Sin rud nach raibh fhios a'm cé nach ndéanann an t-eolas sin tada níos saibhre mé. Ach ba chóir go mbeadh fhios . . . Dá gcuirfinn ceist ar Cynthia.

(*Fuadar faoi* DANNY *ag imeacht suas an staighre chuig a sheomra*)

DANNY: Níl fhios a'd tada. Sin an fhadhb atá a'd. Agus is mór leat go mbeadh tada ag aon duine eile.

DARACH: Á, bleadar.

DANNY: Foc you, cunt!

DARACH: Foc you too, thuas staighre!

(*Téann* DANNY *isteach ina sheomra le teannadh. Plabann an doras ina dhiaidh. Síneann sé siar ar a leaba. Suíonn aniar ag stánadh amach, ar mire. Cuireann* DARACH *guaillí air féin, gan súil aige le léasadh teanga mar seo. Tógann sé na bláthanna agus cuireann ar ais iad le dímheas. Suíonn síos ag stánadh amach.*)

(*Sa chuid seo a leanas den radharc tá an bheirt ag caint faoina chéile, mar a fheiceann siad a chéile, iad i seomraí éagsúla. Is léir go bhfuil siad beirt ag machnamh faoin duine eile agus olc acu dá chéile. Bíonn sosanna scaití sa chaint. Uaireanta b'fhéidir go labhródh an bheirt acu san am céanna. Is cuma. Ón áit ina bhfuil siad ina suí ag an tús tá an stáitse ar fad, nach mór, eatarthu. Scaití bíonn siad ag siúl timpeall ina spota féin. Bíonn aird an lucht éisteachta ag luascadh ó thaobh go taobh idir an bheirt mar a bheadh* pendulum *ann. Bíonn olc na beirte ag méadú de réir a chéile nó go sroicheann buaicphointe.*)

DANNY: Cunt!

DARACH: Deargchunt!

DANNY: Ní stickeálfaidh mé an bastard sin i bhfad eile.

DARACH: An collach. (*Ag éirí*)

DANNY: Gan uaidh ach daoine a chur trína chéile. (*Ag éirí*)

DARACH: Cén bhrí ach í féin. Siúlfaidh sí fós air, is tuilleadh diabhail aige. Is fágfaidh sí ansin é.

DANNY: Deargbhastard!

DARACH: Dá mbeadh aithne aici air. Ó, bhí sí trí thine anocht.

DANNY: Is ag labhairt mar sin le Cynthia.

DARACH: Ach m'anam gur thug mise faoi na smellers di é. Ha-Ha-Ha! Sin é an deasú uirthi. Turncoat!

DANNY: Ní féidir buachtáil air. Mura n-osclaíonn tú do bhéal tá sé ag fáil an ceann is fearr.

DARACH: Dheamhan focal a bhí aici ag dul amach an doras di, an scubaide. Silent, a mhac. Silent ar nós dummy.

DANNY: Cén chaoi a bhféadfadh mo focain saol a bheith ceart?

DARACH: Murach an seanbhuachaill bhainfinnse deatach as. Ach an lá nó an oíche a ndúnfaidh sé siúd a chuid puchán.

DANNY: Murach an seanbhuachaill ní bheinnse anseo.

DARACH: B'fhéidir nach i bhfad eile é sin.

DANNY: Ag creepáil isteach is amach i saol chuile dhuine i gcónaí.

DARACH: Thuas ina sheomra ansin.   (*Ag breathnú suas go cam*)

DANNY: Ní féidir tada a dhéanamh sa teach seo.

DARACH: Á ghlasáil ag teacht is á ghlasáil ag imeacht.
(*Sos gairid. An bheirt acu ag smaoineamh*)

DANNY: Ach ní i bhfad eile é.

DARACH: Fan go ngabhfaidh mise suas go dtí é.

DANNY: Foc sake! Tá sé thar am é a chur ina áit féin.

DARACH: Cúpla civer a theastaíonn ón gcunt.   Cúpla civer maith.

DANNY (*a dhorn dúnta aige agus é ag fiuchadh*): Cunt!
(*Ag an nóiméad seo bíonn Danny ag imeall thiar an tseomra ag breathnú siar agus Darach ag imeall*

thoir na cistine ag breathnú soir ionas go mbíonn an
bheirt acu nach mór os cionn a chéile.)
Cunt! (*É ag déanamh a bhealaigh i dtreo an dorais.*
Ag an am céanna tá Darach ag bun an staighre.
Tagann DANNY *amach as a sheomra.*)

DARACH: Féachaigí anuas! Cá bhfuil tusa ag dul, meas
tú?

DANNY: Is gearr go focain mbeidh fhios a'dsa é! (*Goic*
troda orthu beirt)
(*Sos soicind, mar a bheadh iontas ar gach duine acu*
go bhfuil faoin gceann eile tabhairt faoi)

COILIMÍN (*taobh amuigh*): 'Sé troigh is sé, a bhí an
damhán alla nuair a déanadh scraith . . .'
(*Seasann Danny agus Darach ina staiceanna mar a*
bhfuil siad.
Osclaítear doras na sráide agus tagann COILIMÍN
isteach agus sceitimíní air. MEAIGÍ *á thionlacan is*
ag tabhairt cúnaimh dó.)
(*Le Danny*) Tinky (*Le Darach*) Winky! (*É ag ardú*
an Tellytubby mar a bheadh corn ann) Féachaigí!
Bhuaigh mé Tellytubby eile aríst anocht sa raffle.
Tinky Winky. Sin trí cinn acu atá anois a'm. Níl
uaim anois ach Laa-Laa.

MEAIGÍ: Seachain tú féin ar an mat sin, a Choilimín.
Seachain a mbascfaí tú.

COILIMÍN: Thanks, a Mheaigí.

DARACH (*ag iompó uathu*): Go ndéanfaí scraith dó, beag
an baol. Ara, buinneach!
(*Tá Danny ag bun an staighre faoi seo.*)

DANNY: Tar isteach, a Mheaigí.

(*Bogann* DARACH *trasna an tí ionas go mbíonn sé as an mbealach ón triúr, agus é cineál amuigh as féin.*)

MEAIGÍ: Seasfaidh mé istigh dhá nóiméad.

DARACH: Dhá nóiméad!

COILIMÍN (*le Danny*): Ach bhain siad uaim an jeaicpot.

DANNY: Bhain?   Suigh síos, a Mheaigí, is beidh blogaimín tae a'd.

DARACH: Ó, an seanscéal céanna aríst, is dóigh, is caonach liath air.

COILIMÍN: Bhain siad uaim go fouláilte freisin é.

DANNY: Ar bhain?

COILIMÍN: Shoutáil mise bingo, ach nár dhúirt siad go raibh an leathanach mícheart líonta a'm. Nár dhúirt, a Mheaigí?

MEAIGÍ: Mix up a bhí ann, a Choilimín. Mix up beag.

DARACH: Bhí níos mó ná na leathanaigh mixeáilte suas.

MEAIGÍ (*le Coilimín*): Níor airigh tú ag dul ar aghaidh go dtí an chéad leathanach eile iad. (*Le Danny*) Agus d'fhan sé ar an leathanach ar a raibh sé.

DARACH (*ag féachaint ar Choilimín*): Gam-a-lúdó.

MEAIGÍ: Mistakeín beag nach raibh aon neart air.

DARACH: Ní bheadh mistakes ina mistakes dá mbeadh aon neart orthu.

MEAIGÍ (*í maslaithe*): Anois, anois.

DARACH: Dá gcoinneofá súil air, ní tharlódh sé dó.

DANNY: Nach mór a bhaineann sé dhuitse. Níl aon duine ag caint leatsa.

(*Sos*)

DARACH: Agus nach aoibhinn Dia dhom é. Faraor nach bhfuil mé bodhar freisin.

COILIMÍN: Ach nach cuma? Bhí an t-an-chraic go deo ar an mbus a'inn, a Danny. Nach raibh, a Mheaigí?

MEAIGÍ: M'anam péin go raibh.

DANNY: Go hiontach.

COILIMÍN: Sing song breá.

DANNY: Bhí sibh ag gabháil fhoinn.

COILIMÍN: Cripes, bhí. (*Ag canadh*) 'The Rocky Road to Dublin. One, two, three, four, five.'

DARACH: Cosúil le sábh meirgeach a bheadh ag gearradh adhmad tirim, is dóigh.

MEAIGÍ (*a hintinn déanta suas aici imeacht*): Feicfidh mé amárach nó arú amárach sibh, le cúnamh Dé.

DANNY: Tae?

MEAIGÍ: Á, ní bheidh aon tae a'm, go raibh maith a'd, a Danny. Tá sé ag éirí deireanach. Am éicint eile.

DANNY: Ach ní bheidh an citeal dhá nóiméad.

DARACH: Nár chuala tú í ag rá nach raibh aon tae uaithi? B'fhéidir go bhfuil deifir abhaile uirthi leis an bpaidrín páirteach a rá do na ballaí.

COILIMÍN: Ná bí ag maslú Mheaigí, anois, an créatúr, is an aire a thugann sí domsa chuile Chéadaoin.

DARACH: Ar mhaithe leis féin a dhéanann an cat crónán.

MEAIGÍ (*í ag an doras*): Goodbye, mar sin.

COILIMÍN: Goodbye, agus thanks aríst, a Mheaigí.

DARACH: Sul má imíonn tú, a Mheaigí, rud beag amháin mar go bhfuil aiféal orm má bhí mé cineáilín gránna leat . . . tá glac flowers ar an mbord ansin. Bhuel, ní liomsa iad ach le Danny (*Sos*) ach ní fheileann bláthanna sa teach seo, is gan ann ach neantógaí. B'fhéidir gur mhaith leis iad a thabhairt duit le cur sa séipéal ar maidin.

(*Stangadh bainte as Meaigí.*

Iontas ar Danny. Féachann an bheirt ar a chéile.)

DANNY: Má tá siad uait, a Mheaigí, siúráilte, le haghaidh an tséipéil.

MEAIGÍ: M'anam péin go dtógfaidh mé iad agus fáilte. (*Á bpiocadh suas*) Ní hea ach is mór an spóirt iad. (*Bolaíonn sí díobh.*) Is tá boladh breá uathu. Iad chomh friseáilte. An bhfuil tú cinnte nach bhfuil siad uait féin?

DANNY: Dearfa. Cuir sa séipéal iad.

MEAIGÍ: Ní hea, ach cuirfidh mé ag an ngrotto ar mo bhealach siar iad. Grotto na Maighdine Muire.

DARACH: Grotto na Maighdine Muire. (*Cár gáire air, nach dtuigeann éinne ach é féin.*

Imíonn MEAIGÍ. *Sos cineál fada, beagán míshuaimhneach.*

DARACH *agus* DANNY *ag tabhairt leathfhéachaintí amhrasacha ar a chéile.*)

COILIMÍN (*le Danny*): An osclóidh tú mo chuid barriallacha dom agus beidh mé ag dul a chodladh. Tá an leaba le réiteach freisin.

DANNY: Ócé, ócé. Nach mbeidh cupán tae a'd i dtosach?

COILIMÍN: Ara, ní bheidh, bhí neart tae agus buns ag an mbiongó a'inn. Níl mé ag iarraidh cosán dearg a dhéanamh chuig an toilet i gcaitheamh na hoíche.

(*Cromann* DANNY *síos agus scaoileann barriallacha a bhróg agus cuidíonn leis iad a bhaint de. Téann sé siar i seomra Choilimín ansin. Leanann* COILIMÍN *é.*)

DARACH (*ag caint siar, straois shearbhasach air*): Cas
suantraí dó freisin a chuirfeas a chodladh é ionas
nach mbeidh sé ag rámhaille is do mo choinneáilse i
mo dhúiseacht.

(*Danny agus Coilimín imithe siar sa seomra faoi
seo. Sos. Féachann sé timpeall an stáitse ansin
amhail is nach mbeadh a fhios aige céard a
dhéanfadh sé nuair nach bhfuil ann ach é féin.
Shílfeá gur sórt díomá atá air nach bhfuil éinne
ansin le dul ag piocadh air níos mó. Tagann dreach
gruama air. Smaoiníonn. Sos. Cuireann sé an bolta
ar dhoras na sráide ansin agus déanann an clog a
thochras. Isteach leis ina sheomra go gruama ag
dúnadh an dorais ina dhiaidh. Sos.*

Filleann DANNY *ó sheomra Choilimín. Féachann
timpeall agus sórt iontais air go bhfuil Darach
imithe. Féachann ar dhoras a sheomra. Téann
chuig doras na sráide agus bíonn ar tí an bolta a
chur air nuair a thugann faoi deara go bhfuil sé air
cheana féin. Téann chuig an drisiúr, tógann an clog
agus bíonn ar tí é a thochras nuair a thugann faoi
deara go bhfuil sé déanta cheana. Féachann ar
dhoras sheomra Dharach arís. Fanann ina
sheasamh ansin go tostach smaointeach ar feadh
tamaillín. Tagann meangadh beag ar a bhéal ansin.
Téann sé in airde an staighre. Múchann solas na
cistine agus casann air an solas ina sheomra féin.
Suíonn síos agus ligeann osna faoisimh.*)

DANNY: Buíochas mór le Dia. (*Sos*) Murach an oíche.
(*Sos tamaillín. É mar a bheadh ag éisteacht leis an*

gciúnas. Éiríonn ansin. Osclaíonn sé amach doras
an vardrúis. Baineann sé de a chuid éadaigh féin,
ionas nach bhfuil air ach fobhríste. Tógann sé
amach an lingerie *– brístín agus cíochbheart – as an*
drár. Crochann sé suas leis an solas iad go ceanúil.
Cuma shásta anois air. É níos suaimhní ann féin.
Sos. Crochann sé an cíochbheart ar imeall an
scátháin. Téann siar ar chúl an scátháin, é ag
crónán foinn dó féin os íseal. Nuair a thagann sé ar
ais bíonn an brístín air.)

DANNY (*i nguth mná*): Dún do shúile anois, a Danny. Dún
do shúile. (*É ag seasamh amach os comhair an*
scátháin, á shocrú féin i lár go díreach. A chúl leis
an lucht féachana.) Dan-a! (*Fiodrinceann sé*
timpeall agus féachann air féin sa scáthán, é ag
scaradh amach a lámha san am céanna, mar a
bheadh damhsóir ann. Cuireann cor beag nó dhó
ina thóin.)

DANNY (*i nguth mná*): Féachann tú go hálainn, a Danny.
Shílfeá gur le d'aghaidh a rinneadh iad. (*Tógann sé*
anuas an cíochbheart.)

DANNY: An phacáil anois. Ní mór an padding a bheith
an-phointeáilte.

(*Tógann amach dhá stoca as an drár agus sacann*
isteach sna cupáin iad. Cuireann air an cíochbheart
agus é ina sheasamh os comhair an scátháin.
Caitheann tamall ag breathnú air féin. Tógann sé
amach roinnt gúnaí fada, é á dtomhas air féin os
comhair an scátháin sul má dhéanann cinneadh faoi
cheann acu. Cuireann air é. Ansin tógann folt fada

DANNY: *Féachann tú go hálainn, a Danny.*

gruaige amach ó bharr an chófra agus cuireann air é. Cíorann a chuid gruaige le scuab. Tógann amach mála smididh agus cuireann béaldath dearg ar a liopaí go cúramach. Ansin féachann sé air féin sa scáthán arís. Tógann sé péire tights *agus bróga le sála arda amach as bun an vardrúis. Cuartaíonn timpeall nó go bhfaigheann mála láimhe atá ar aondath. Siúlann sé timpeall a sheomra cúpla babhta, aoibh air agus é go mór ar a shástacht, é ag cur roinnt gothaí banúla air féin. Ligeann air féin go bhfuil ag caint ar theileafón.)*

(*I nguth mná*) An bhfuil tú ag dul amach chuig an social anocht?

(*I nguth mná eile*) Ah, níl anocht, a Sheosaimhín. Níl tada nua a'm le caitheamh.

(*I nguth mná*) An bhfuil tú ag déanamh tada amárach? Tá mise saor. (*Sos*) Ó, go hálainn. Tá mise mé féin. Féadfaidh muid dul amach ag siopadóireacht. Feicim go leor éadaí nua i bhfuinneog Kookaï. An latest ar fad.

(*I nguth mná*) Cuirfidh mé glaoch ort maidin amárach, mar sin. Sound, a Sheosaimhín. Sound as a bell.

(*Casann air CD go híseal. Ceol bog clasaiceach. Suíonn sé síos ar a chompord, a ghlúine tugtha le chéile go banúil aige. Sos fada, é ag* relaxáil *ar a chompord. É ag déanamh beagán* poseáil *banúil i ngan fhios dó féin. Go tobann stopann sé ina staic mar a bhuailfeadh smaoineamh é. Sos. Tagann cuma bhrónach ar a aghaidh de réir a chéile.*

Leagann a lámh ar a bhrollach. Íslíonn na soilse beagán.)

DANNY: Seacht mbliana a bhí mé, bhuel, beagnach a hocht, is dóigh, mar mí Márta a bhí ann agus bhí sé fuar. An-fhuar. Ní cuimhneach liom anois cén t-ainm a bhí ar an dráma a bhí á dhéanamh a'ainn ach bhí muid dá chleachtadh do sheó Lá Fhéile Pádraig. Bhí dhá dhráma le bheith ar an stáitse, ceann ó scoil na mbuachaillí agus ceann ó scoil na gcailíní. (*Sos*) Bhí muid ag pleidhcíocht timpeall ar an stáitse nó gur chuir an mháistreás i líne dhíreach muid is í ag tabhairt páirteannaí do chuile dhuine. (*Sos*) Tá páirt cailín amháin sa dráma, a dúirt sí, agus í ag breathnú timpeall. Bhreathnaigh sí timpeall an stáitse ar fad faoi dhó agus ansin thit a hamharc ar ais ormsa. (*Sos*) Danny, a dúirt sí. Déanfaidh tusa páirt an chailín. Tá guth deas séimh a'd. Ba chuma liomsa i dtosach nó gur thosaigh na buachaillí móra ag sciotaíl. Ansin tháinig cineál náire orm is ní raibh mé ag iarraidh an pháirt a dhéanamh ar chor ar bith. (*Sos*) Ach bhrúigh sí orm é. (*Sos*) Seachtain ina dhiaidh sin bhí cleachtadh gléasta a'inn. Chaith sí mála éadaí i lár an urláir nó gur ghléas amach chuile dhuine. Tá gúnaí a'm duitse, a dúirt sí. Féadfaidh tú do threabhsar a fhágáil ort fúthu do na cleachtaí ach, ar ndóigh, ní fhéadfaidh don dráma ceart. Tá do pháirtse an-tábhachtach, a Danny, a dúirt sí. Cailín bocht brónach atá ionat ach athróidh do shaol ar fad mar pósfaidh tú prionsa saibhir agus beidh tú i do bhanphrionsa ansin. Beidh seanghúna gioblach stróicthe ort sa gcéad radharc ach beidh gúna álainn síoda le lásaí óir ort sa dara radharc. Beidh na tuismitheoirí go léir ag bualadh bos duit le sástacht. (*Sos*) Is an oíche a raibh an cleachtadh deireanach ann chuir triúr de na buachaillí dare orm. Dare go gcaithfinn brístín cailín faoin ngúna. Dare punt an duine. Trí phunt ar fad, airgead mór. Bhí brístín aimsithe acu sa mála éadaí. Ba chuma liomsa faoi dhul sa tseans ach (*Sos*) ach nuair a chuir mé orm iad is an gúna os a gcionn, mhothaigh mé (*Sos*) mhothaigh mé chomh compordach iad, chomh sócúil, an síoda mín ag slíocadh chomh héadrom le mo chraiceann mar a bheadh sciathán féileacáin . . . is ar bhealach aisteach mhothaigh mé mo chorp saor, chomh saor. (*Sos*) Ní ionann is dá mbeinn ag caitheamh croimeasc cúng fáiscthe de threabhsar. Chomh saor sin is gur beag nár cheap mé go bhféadfainn eitilt i m'fheisteas nua. Ní hea. Ach mhothaigh mé mar a bheadh corp nua ar fad bronnta orm. Ní hea, ach mar a bheinn th'éis mo chorp féin a aimsiú. (*Sos*) Nó mar a bheinn th'éis rud éicint a aimsiú, rud éicint faoi leith nár thuig mé a bhí in easnamh orm nó go bhfuair mé é. (*Sos*) Is chuir mé orm chuile oíche iad ina dhiaidh sin go fonnmhar gan tada a ligean orm féin le héinne, agus ba leasc liom é nuair a tháinig deireadh na seachtaine agus nuair a léirigh muid an dráma den uair dheireanach . . . is nuair a chonaic mé na héadaí ar fad á gcaitheamh le chéile ina mburla ar nós cuma liom i lár an urláir, is an mháistreás á bpacáil síos faoi dheifir sna málaí dubha dramhaíola plaisteacha úd. (*Sos*) Bhí trua a'm do na héadaí. (*Sos*) An lá dár gcionn chuaigh mé chuig an sagart leis na trí phunt agus d'iarr mé air Aifreann a chur le hanam mo mháthar. Cinnte, a mhaicín, a dúirt sé. Cinnte, cé go bhfuil fhios a'm go bhfuil do Mhamaí sna flaithis cheana féin ach déarfaidh mé Aifreann eile di agus déarfaidh mé paidreacha duit féin freisin agus don chuid eile den teaghlach. Ach féach, a mhaicín, coinnigh an t-airgead seo duit féin. Ceannaigh milseáin air, nó b'fhéidir gur mhaith leat bríste nua peile nó jersaí peile na Gaillimhe a cheannacht (*Tocht air*) agus bhrúigh sé an t-airgead síos i mo phóca. (*Sos*) Bhrúigh. (*Sos*) Bhrúigh. (*Sos*)

(*Buaileann an teileafón thíos staighre. Ardaíonn an solas de léim á thabhairt ar ais sa saol réalaíoch.*)

DANNY: Foc! (*Geit uafásach bainte as. Léimeann ina sheasamh. Stopann sé ina staic soicind amhail is nach gcreideann a chluasa nó go gcloistear an teileafón ag greadadh leis.*) Foc! Foc! Foc duine éicint! Más domsa é. (*Tarraingíonn sé de a bhróga is a stocaí, an folt gruaige agus buaileann faoin leaba iad agus é ag tarraingt de an gúna leis an lámh eile san am céanna.*) Dúiseofar iad.

(*Nuair nach mbíonn air ach an brístín agus an cíochbheart, cuireann sé tuáille timpeall a bhásta. Tá sé ar tí dul síos an staighre nuair a thugann sé faoi deara go bhfuil an cíochbheart fós air, agus sciobann tuáille eile, á chaitheamh timpeall a dhroma agus é i ngreim ann lena leathlámh chun*

tosaigh. Ar bharr an staighre casann sé air an
solas. Ritheann síos.

Ag an nóiméad céanna tagann DARACH *amach as*
a sheomra féin, gan air ach drár agus T-léine ach
sroicheann DANNY *an teileafón roimhe. Tá sé*
an-neirbhíseach mar go bhfuil Darach ina
sheasamh taobh leis agus cluas air ag éisteacht.)

DANNY: Heileo. Heileo. Sea, Cynthia! (*É á rá ar*
bhealach a thabharfadh le fios do Dharach nach dó
féin an glaoch agus gur chóir dó imeacht as an
mbealach) Bhí mé imithe a chodladh. (*A chuid*
liopaí tarraingthe isteach aige, mar go bhfuil
béaldath fós orthu)

(*Cuireann* DARACH *smut air féin ach tugann sé faoi*
deara go bhfuil aistíl éicint ag baint le Danny agus
stánann sé air amhail is dá mbeadh mearbhall air
faoi rud éicint, go háirithe faoin gcaoi a bhfuil
tuáille thar a ghuaillí aige agus é i ngreim ann le
leathlámh.)

DANNY: Ó, dáiríre. Is cén uair. (*Sos*) Tá a fhios a'm, a
Cynthia. Mise. (*Sos*) Ócé. Tá mé ócé. Beidh mé
in ann é a dhéanamh ar maidin amárach, mar sin. Ní
gá duit imní a bheith ort. Ah? (*Sos*) Cynthia!
(*Teannas ina ghlór*) Níl mé ag iarraidh labhairt faoi
sin anois. Amárach. Ah?

(*Gan fonn imeachta ar Dharach fós. Smaoiníonn*
agus téann sé go dtí an doirteal agus líonann gloine
uisce ón bhfoiséad. Ólann é go mall. Níonn sé a
lámha ansin. Féachann timpeall, mar dhea, ar thóir
tuáille lena lámha a thriomú ach siúlann anonn

chuig Danny, a bhfuil a chúl iompaithe leis is é ag
éisteacht le Cynthia ar an nguthán. Cluas air
amhail is dá mbeadh ag ceapadh go bhfuil ag caint
faoi féin. Tosaíonn ag triomú a lámh sa tuáille atá
ar ghuaillí Danny.)

Ócé. Ócé. (*Go mífhoighdeach*) Slán, mar sin, a
Cynthia. Labharfaidh mé leat faoi amárach. Cinnte.
(*Luas ina chuid cainte*) Slá–

DARACH: An in é mo thuáillese a'd, ar aon nós, an é?

DANNY: Ní–

(*Ach crochann* DARACH *an tuáille dá ghuaillí á
sciobadh tar éis sreachailt bheag nuair a bhíonn an
bheirt acu i ngreim ann.*

*Baintear geit mhór as an mbeirt acu agus tá tost
gearr damanta ann.*

DANNY *ag stánadh síos, a lámh fós ar an teileafón.*

DARACH *ag stánadh ar chorp Danny. Pléascann sé
amach ag gáire go fonóideach.*)

DARACH: Christ All fuckin' Mighty! Jesus, Mary and
fuckin Joseph. Céard sa mí-ádh atá anseo againn?
An Rose of Tralee! (*Sos*) Miss Universe í féin!
(*Sos*) Peigín Leitir Móir!

(*Tá Danny ina staic le náire.*)

DANNY: Just focáil leat, focáil leat! (*É ar mire agus ar
crith*)

DARACH (*é ag slogáil gháire*): Fuckáil leat . . . Is nach
bhfuil cead ag an gcat breathnú ar an mbanríon?
(*Ligeann don tuáille titim ar an urlár amhail is dá
mbeadh galar air is é ag cur straince air féin.
Triomaíonn a lámha ina T-léine gan a shúile a*

thógáil de Danny.   É ag cúlú siar ina sheomra féin amhail is dá mbeadh galar tógálach ar Danny) Jesus! (*Sos*) Mura deas an fuckin' feic tú. (*Dorchadas tobann*)

Briseadh

MÍR II

Radharc a hAon

*Sa seomra suite/cistin, an mhaidin dár gcionn. Tá Darach
ina shuí agus greim bricfeasta á ithe aige, píosa tósta ina
lámh aige agus muigín tae sa lámh eile. An chuma air go
bhfuil deifir amach air.*
Tagann COILIMÍN *isteach go mall óna sheomra codlata
féin, é leathghléasta go garbh.*

DARACH (*leis féin*): Ó, tá an bás ina shuí. (*Iúmar maith
air. Le Coilimín*) Níor cailleadh i do chodladh
aréir tú, is cosúil.

COILIMÍN: Cailleadh ach táim éirithe ó mhairbh aríst
eile. Cosúil le cat. Caithfidh tú cur suas liom lá
eile.

DARACH: Bhuel, píosa de lá ar aon chuma. Ní breac é
go mbíonn sé ar an mbruach – is iomaí duine a bhí
beo bríomhar ar maidin, an dtuigeann tú, agus
caillte fuar an tráthnóna céanna, nó go deimhin faoi
am lóin, nach iomaí?

COILIMÍN: Is iomaí, is dóigh, má dúirt tusa é. (*Sos. Ag
féachaint air ag ithe*) Leis an ocras a chailltear
cuid de na daoine.

DARACH: Bhuel, sea, ach ní in Éirinn é, b'fhéidir san
Afraic, ceart go leor, is sna háiteacha a bhfuil na

black babies úd a mbíonn na míoltógaí ag siúl orthu . . . Dá n-éireodh bean an tí, (*É ag sméideadh i dtreo sheomra Danny is é ag ardú a ghlóir*) b'fhéidir go gcaithfeadh sí slabar de bhricfeasta a'd. (*Ag screadach in airde*) Danny, (*Sos*) waitress, tá tú ag teastáil anseo! Table number one! Mr Coilimín for breakfast! (*Ag leathchanadh dó féin*) 'Is ó bhean an tí, cén bhuairt sin ort?' B'fhéidir nár chodail sé go maith aréir, an dtuigeann tú, is gurb in an chúis go bhfuil sé deireanach. Bhí drochoíche chodlata a'msa – céard fútsa?

COILIMÍN: Chodail mé go breá, go deimhin. Ar nós pleainc.

DARACH: Níor stop mise ach ag dúiseacht, muis. Bhí mé ag fáil cineál nightmares, déarfainn, nó sin bhí drochbhrionglóidí a'm. Cheap mé go raibh mé ag feiceáil mná a raibh sciortaí móra orthu agus iad ag flyáil timpeall an tí, mar a bheadh sciatháin leathair ann. Iad ag siúl thuas ar an tsíleáil is ag dul i bhfostó ann.

COILIMÍN: Is má bhí fhéin? Ní drochbhrionglóid ar bith í sin. Tá sciatháin leathair ceart go leor.

DARACH: Ach nach mná cearta a bhí iontu. Iad mínádúrtha. Thabharfá an leabhar go raibh sórt diomar éicint ar chuid acu. (*Suas an staighre*) Mura n-éiríonn tú go luath beidh sé seo caillte leis an ocras. B'fhéidir gur caillte thuas ann atá sé, gur cailleadh le breast cancer aréir é! Nach bhfuil sé ráite go bhfuil Conamara lán le cancer, go bhfuil sé sna clocha. (*Le Coilimín*) Céard a itheann tú ar maidin? Weetabix, nach ea?

COILIMÍN: Weetabix, Weetabix, le mo bhricfeasta is le mo shuipéar.

DARACH (*á dtógáil amach as an mbosca*): Ceann amháin nó péire?

COILIMÍN: Ceann mura mbíonn ocras mór orm agus péire nuair a bhíonn.

DARACH: Agus an miste leat má fhiafraím díot an ocras beag nó mór atá ar maidin inniu ort?

COILIMÍN (*go smaointeach*): Idir eatarthu.

DARACH: Idir eatarthu. An gciallaíonn sé sin Weetabix amháin nó dhá Weetabix?

COILIMÍN: Ceann (*Sos*) go leith.

DARACH: Ceann go leith! (*Ag déanamh dhá leath de cheann acu go mífhoigneach*) Meas tú anois an é an leath bheag nó an leath mhór a bheadh uait, ar maidin inniu ag fiche nóiméad th'éis a naoi le do phutóg fholamh a líonadh.

COILIMÍN: An leath mhór.

(*Féachann* DARACH *orthu agus cuireann an leath bheag isteach le biorán.*)

DARACH: Ní theastaíonn aon siúcra uait, faitíos gur diabetes nó cholesterol nó blood pressure a thiocfadh ort sa mullach ar a bhfuil de thinnis cheana ort. (*Sacann sé an babhal isteach ina lapa. Suíonn síos ag críochnú a mhuigín tae féin.*)

COILIMÍN (*go támáilte*): Cuireann Danny braoinín bainne iontu.

DARACH: Cuireann! As a chíocha, ab ea? Sin míorúilt,

COILIMÍN: *Cuireann Danny braoinín bainne iontu.*

muis! (*Ag dul chuig an gcuisneoir*)   Fan go
gcloisfidh Meaigí faoi na míorúiltí seo. Déarfaidh sí
go bhfuil an podhar ag teacht ón ngrotto.   Tá
slimline anseo agus bainne ceart. (*Ag tógáil amach
dhá* charton) Is fearr dúinn an slimline a fhágáil ag
an gceann thuas staighre. (*Ag ardú a ghlóir*) Tá sí
ag watcháil a figure, an dtuigeann tú? Ó, tá an
diabhal ar mhná mar sin. Níl siad in ann geamp a
chur ina mbéal aon lá dá saol gan a bheith ag oibriú
amach cé mhéad orlach a chuirfeas sé lena mbásta
an mhaidin dár gcionn.

(*Doirteann sé bainne isteach i mbabhal Choilimín
ach doirteann braon den bhainne ar an urlár leis an
gcreathadh atá ar lámh Choilimín.*)

DARACH: Á, muise, a leibide mhístuama.

COILIMÍN: Cén neart atá a'm air, tá na shakes ar an lámh
sin.

DARACH: Ara, shakes uilig tú. (*Á ghlanadh suas le* mop)
Doirt aríst é, a phleib, agus cuirfidh mé faoi ndeara
dhuit dul ar do dhá ghlúin agus é a líochán suas le do
theanga mar a dhéanfadh cat!

COILIMÍN: Mí-abha!

DARACH: Mí-abha mo thóin. An bhfuil scian nó forc
uait?

COILIMÍN: Níl. Chopsticks Chinese.

(*Tugann* DARACH *spúnóg dó.*
Tosaíonn COILIMÍN *ag ithe go hamplach.*
Tagann DANNY *anuas an staighre, fallaing sheomra
air agus slipéir. Cuma thuirseach dhúdóite air*)

DARACH: Óra, a dhiabhail go deo, tá Dolly Parton

Chonamara ag éirí. (*Gáire. Sos*) T'r dhom
autograph. (*Sos*) Bhí muid ag ceapadh gur bean a bhí
thuas staighre a'd nó rud éicint is tú a bheith chomh
mall seo ag éirí, ó b'annamh leat. Nach raibh, a
Choilimín?

(*Ní thugann Danny aon aird air. Is léir go bhfuil olc
air ach coinníonn sé guaim air féin. Seiceálann an
bhfuil tae sa taephota agus uisce sa chiteal agus
casann air é.*

DARACH *ag cúlú siar uaidh coiscéim agus ag cur
straince air féin*)

DANNY (*le Coilimín atá ag ithe leis*): An raibh tae a'd?

COILIMÍN: Ní raibh fós.

DARACH: Nach in é do jabsa, tae a choinneáil déanta dó?
Má cheapann tú go bhfuil mise ag dul ag skivvyáil air
tá dul amú ort. Tá lá oibre le déanamh a'msa. (*É
réidh le dul amach an doras*) B'fhearr duit é ná-ná-
ná-ná–

DANNY (*le Darach go teann tobann*): Ná céard?

DARACH: Ná bheith ag déanamh rudaí eile. Ag déanamh
asail díot féin. (*Sos*) Tá smut ort cosúil le bainne géar.

DANNY: Coinníodh tusa do chlab mór dúnta anois!

DARACH: Coinneoidh mé mo chlab dúnta . . . (*Sos*) nó go
dtogróidh mé é a oscailt. (*Féachann sé go fuar air,
osclaíonn a bhéal go hiomlán gan tada a rá. Dúnann
ansin é. Téann amach.*)

COILIMÍN: Cén aistíl atá air sin inniu, meas tú?

DANNY: Sin ceist. (*Ag tógáil an bhabhla uaidh*) Ólfaidh
tú muigín tae?

COILIMÍN: Ólfaidh. Ní bhfuair mé sásamh ar bith sna

Weetabix sin inniu . . . (*Leis féin*) B'fhearr liom i
bhfad an múslaí, ar aon nós, ach níl mé in ann é a
changailt níos mó. (*Sos*) Na nuts agus na rísíní. Ach
tá sé éasca Weetabix a shlogadh. Ní theastódh fiacail
ar bith.

(*Tugann* DANNY *muigín tae dó, é tar éis dhá spúnóg
siúcra a chur ann. Sos*)

DANNY: An bhfuil rud éicint ort?

COILIMÍN: An raibh toirneach aréir ann, nó an orm féin atá
sé?

DANNY: Ní shílim go raibh aon toirneach aréir ann, cé go
raibh sí geallta.

COILIMÍN: Cheap mé gur chuala mé plimpeanna, muis, ach
b'fhéidir gur ag brionglóidí a bhí mé. (*Ólann braon
tae.*)

DANNY: Ní dochar ar bith a bheith ag brionglóidí. An
bhfuil an tae sin ceart go leor?

COILIMÍN: Tá . . . Chomh fada is nach drochbhrionglóidí a
bhíonn ag duine. (*Sos*) Tá fhios a'd cén lá atá inniu
ann, a Danny?

DANNY: Tá a fhios, tá, a Dheaid. An cúigiú lá déag. (*Sos*)

COILIMÍN: An cúigiú lá déag.

DANNY: Bheadh Mam bródúil asatsa, a Dheaid, bheadh.
(*É ag ól tae*)

COILIMÍN: Bheadh agus í bródúil asatsa, bheadh. As an aire
a thugann tú dom.

DANNY: Ól do chuid tae anois, agus tabharfaidh mé amach
ar ball tú.

COILIMÍN: Tabharfaidh tú chuig an uaigh mé, maith an fear.

DANNY: Tabharfaidh.

COILIMÍN: Agus cuirfidh muid bláthanna úra uirthi.

DANNY: Cuirfidh.

COILIMÍN (*leis féin, go smaointeach*): Cúig bliana fichead
i mbliana. Cúig bliana fichead.

DANNY: Tá fhios a'm.   Cúig bliana fichead, bliain
speisialta. Ar nós ceiliúrtha ar bhealach.

COILIMÍN: Cúig bliana fichead de bhláthanna . . . is de
phaidreacha. Cúig bliana fichead d'Aifreannachaí.
Is leanann siad ar aghaidh is ar aghaidh.

DANNY: Sin é an nádúr, a Dheaid. Ól do chuid tae anois,
maith an fear, is ná bí do do chrá féin.

COILIMÍN: Ach ní stopann na blianta ach ag leanacht ar
aghaidh. Nach aisteach é sin anois, a Danny . . . I
gceann céad bliain ó inniu beidh sí céad fiche a cúig
bliain caillte . . .   Ní bhíonn duine beo ach méid
áirithe blianta ach níl stop ar bith leis an méid
blianta caillte a bhíonn ag duine.

DANNY: Níl . . . is dóigh.

COILIMÍN: I gceann céad bliain ó inniu beidh sí céad fiche
a cúig bliain d'aois (*Sos an-ghearr*) caillte. (*Sos*)
Má thuigeann tú mé. Beidh sí.

DANNY: Beidh do chuid tae fuar, a Dheaid, mura n-ólann
tú é. Is ní maith leat tae fuar.

COILIMÍN: Ní maith liom tae fuar, muis. (*Ólann deoch.
Sos*) Báisteach a chuireann tae fuar i gcuimhne
dom. Ach tá an tae seo go deas, a Danny. Go deas
milis.

DANNY: Beidh tú ceart go leor fad a bheas mise ag tógáil
shower sciobtha.

COILIMÍN: Beidh, a stór, beidh.

DANNY: Féadfaidh tú a bheith ag ól do chuid tae.

COILIMÍN: Féadfaidh. Bíodh shower deas a'dsa is beidh tae deas a'msa.

(*Imíonn* DANNY *suas chuig a sheomra go tapa agus casann air uisce an shower.*

Tá COILIMÍN *ag ól corrdheoch go mall. Feictear* DANNY *ag dul isteach sa shower agus tá fuaim an uisce le cloisteáil agus* COILIMÍN *ag ól corrbhlogam tae de réir a chéile.*

Go tobann tagann lasracha agus plimpeanna tobanna toirní. Baintear geit mhór as COILIMÍN, *titeann an muigín as a lámh agus suíonn sé aniar de léim agus é scanraithe.*)

Ó! (*Sos*) 'Chríost!

(*Caochann an solas uair nó dhó ach ní ghearrtar an chumhacht. Cloistear díle bháistí ansin agus breathnaíonn* COILIMÍN *ina thimpeall chaon taobh amhail is nach mbeadh aon áit aige le dul ar foscadh. Crith air. Suíonn siar sa chathaoir. Sos*)

Tús an fhómhair a bhí ann. Aimsir mharbhánta. Bhí báistcach gcallta, bhí, is dóigh, is toirneach dá mbeadh fhios a'inn é . . . (*Sos. Na soilse ag díriú isteach air de réir a chéile agus ag múchadh i seomra Danny. D'fhéadfadh an chuid eile den mhír a bheith roinnt osréalach, amanta fuaim an shower, ag an tús, nó na báistí le cloisteáil. Lasracha is toirneach*) Gabhfaidh muid suas ar an bportach, a deirimse, agus críochnóidh muid an dúchán móna úd agus beidh muid réidh leis an bportach i mbliana. Tiocfaidh tú liom, an dtiocfaidh? (*Sos*) Ag tógáil

cáca bácáilte amach as an oigheann a bhí sí agus
níor labhair sí ar feadh soicind faitíos go ndófadh sí
í féin.   Bhí mé ag cuimhneamh ar an níochán a
dhéanamh, a dúirt sí. Beidh muid sa mbaile ag am
dinnéir, má théann an bheirt a'inn suas, a deirimse.
(*Sos*) Do chomhairle féin, mar sin, a dúirt sí. B'in
a raibh de chaint ann. (*Sos*) Ach thaitin an portach
le Kate. Thaitin aer úr an phortaigh léi. (*Sos*) Ní
raibh muid mórán le huair an chloig thuas nuair a
d'at an spéir. Thosaigh na lasrachaí. Fágfaidh muid
sa diabhal é, a dúirt sí – féacha an chuma atá ar an
spéir. Tá díle air . . . Scáth chúig nóiméad eile, a
deirimse. Má bhíonn muid fliuch féin nach cuma.
Ní leáfaidh sí muid. (*Sos*) Beidh muid réidh leis an
bportach i mbliana . . . is lean muid orainn le flosc . . .
Na lasrachaí ag lasadh na spéire. Ach dheamhan
mórán suime a chuir muid iontu. (*Sos*) Ba ansin a
bhuail lasair mise a chuir meadhrán ionam. Thit mé
. . . Bhí drochthinneas cinn orm is mé ag éirí is nár
bhuail an tintreach den dara huair mé. Bhuail. Ach
má bhuail féin níor leag sí ceart mé an babhta sin . . .
ach nuair a bhreathnaigh mé anonn san áit a raibh
Kate ní fhaca mé ar chor ar bith í . . . murab é an
meadhrán é, a smaoinigh mé i dtosach . . . ach nuair
a bhreathnaigh mé ar an taobh eile díom nach bhfaca
mé sínte siar ansin ar a droim sa bhfraoch í. (*Sos*)
Chuaigh mé anonn chun go dtabharfainn lámh
chúnta di éirí ina seasamh . . . gan aon chuimhne a'm
nach n-éireodh sí ina seasamh díreach mar a rinne
mé féin . . . is mé th'éis dhá rap a fháil . . . bhí a súile

oscailte, mar a bheadh solas iontu . . . ach ní dhearna sí aon iarracht ar a lámh a ardú le go dtabharfainn lámh chúnta di éirí den talamh . . . an cor is lú . . . is bhí fhios a'm ansin. Bhí fhios a'm ansin.

(*Dorchadas tobann*)

Radharc a Dó

*Seomra Danny. Lastar spotsolas air de léim. É ina shuí
ar an leaba ag stánadh amach. É tar éis shower a bheith
aige. A chuid gruaige cíortha is tuáille timpeall a
ghuaillí. Gúna fada lena mháthair caite trasna ar a
ghlúine. Tosaíonn ag caint láithreach an soicind a
dtagann an solas air ionas go leanann an scéal ar
aghaidh ón radharc roimhe.*

DANNY: Is nuair a thug siad isteach an doras í chuir siad
ina suí sa gcathaoir í, is bhí a cuid gruaige fliuch báite.
Sin é an rud is mó a gcuimhním air – go raibh a cuid
gruaige a dtugadh sí an oiread sin aire di fliuch báite
sliobarnach, Deaid agus Seáinín Jóín th'éis í a iompar
isteach, agus an gúna. (*Sos. Beireann lena dhá ghlac
ar phléataí an ghúna.*) Fuair mise tuáille amach as an
hot press agus bhí mé lena thabhairt di lena cuid
gruaige a thriomú nuair a thóg Meaigí uaim é agus
dúirt liom dul go dtí mo sheomra ach ní dheachaigh.
Níl do Mhamaí go rómhaith, a dúirt Seáinín Jóín liom
nuair nach raibh éinne eile ag caint, tá sí tinn. Agus
thug siad siar sa seomra leapan í agus chuir ina luí ar
an leaba í. Tabharfaidh muid aire di má tá sí tinn, a
deirimse, nó go mbeidh sí ceart go leor aríst, thug sí
féin aire domsa nuair a bhí mé tinn an tseachtain seo

caite . . . Ach ní ligfidís siar sa seomra leapa muide, iad ag rá go gcaithfidís a cuid éadaigh a athrú, go raibh a cuid éadaigh fliuch báite ag an mbáisteach. (*Scaoileann sé a ghreim ar an ngúna.*) Níos deireanaí dúirt Aint Baby linn agus í ag caoineadh go raibh Mamaí tugtha leis ag Dia . . . go raibh áit álainn tugtha aige di sna flaithis is go mbeadh sí ag breathnú anuas orainn agus í bródúil asainn an t-am ar fad . . . agus ní choinneodh tada Darach amach as an seomra ina dhiaidh sin. Thosaigh sé ag ciceáil an dorais agus dá chiceáil is dá chiceáil nó gur ligeadar isteach é . . . Beidh Darach ceart go leor faoi cheann lá nó dhó, a dúirt Aint Baby liomsa is mé ina gabháil aici, agus tabharfaidh sé aire duitse do do Mhama. Agus phléasc sí ag caoineadh. (*Sos*) Ba é an chéad uair é a bhfaca mé duine fásta ag caoineadh. (*Sos*) Duine fásta ag caoineadh. Agus oíche an lae ar cuireadh í ní raibh mé in ann stopadh ag caoineadh ach ag smaoineamh uirthi thíos sa gcréafóg fhuar fhliuch úd is mise i mo luí sa leaba the . . . Tocht orm ag caoineadh is ag caoineadh nó gur thug Darach sonc géar sna heasnachaí lena uillinn dom a bhain an anáil díom beagnach. Dún suas do bhéal thusa, a dúirt sé agus olc air, nó cén fáth nach stopann tú ag caoineadh. Ní mba tusa peata Mhama, ar aon nós, ach mise, a dúirt sé. Is tusa peata Dheaide . . . Is ní raibh mé in ann caoineadh ansin . . Ní raibh mé in ann caoineadh. *Dorchadas tobann.*

Radharc a Trí

Seomra suite/cistin an tráthnóna céanna. Coilimín ag doras na sráide, ag teacht isteach. Slám bileog is irisí ina lámh aige agus é á n-iniúchadh ar a bhealach chuig a chathaoir.

COILIMÍN: '*An dTiocfaidh an Domhan Slán?*' (*Ag breathnú ar cheann eile*) '*Saol Suaimhneach ar Dhomhan Nua*'. (*Osclaíonn* COILIMÍN *é agus cuireann an-ghar dá shúile é, ag iarraidh é a léamh. Ag oscailt leabhairín eile*) '*What is The Purpose of Life? How Can You Find it?*' Fan go bhfaighidh mé mo mhagnifine glass. Tá an cló an-bheag.
(*É ag póirseáil thart nó go dtagann air ina phóca*) 'Ó, caithimse péire gloineachaí, caithim iad an t-am ar fad.' (*Tosaíonn ag léamh go mall.*) 'In am trátha, tiocfaidh Ríocht Dé i bhfeidhm ar talamh aríst, fiú amháin an caidreamh síochánta a bhí ann idir na hainmhithe, agus idir ainmhithe agus daoine i nGairdín Éidin.' Huh? Ach meas tú anois cén sórt caidrimh é an caidreamh idir ainmhithe agus daoine? Á, muise, sílim go mb'fhearr liom a bheith ag léamh an *Sunday World*, ach b'fhéidir lá éicint nach mbeidh aon pháipéar le léamh a'm go mbainfinn píosa astu. Má théann lucht na bpáipéar ar strike.
(*Tagann* DARACH *isteach. An chuma air go bhfuil*

drochiúmar air. Feiceann sé Coilimín ag féachaint ar na bileoga.)

DARACH: Ab in é Patrickín an Iahóva a bhí thart, ab é, é féin is a chuid bileog?

COILIMÍN (*ag léamh mar fhreagra is é ag féachaint ar Dharach*): '*What is The Purpose of Life? How Can You Find it?*' Sé, Patrickín an Iahóva a bhí thart. Caithfidh sé go bhfuil fhios aige gur maith liom a bheith ag léamh. Tá an leabhairín seo ag cur thar maoil le freagraí.

DARACH: Ó, tá. Mura bhfuil. (*Tógann sé ceann nó dhó de na bileoga as lámha Choilimín.*)

COILIMÍN: Ach amháin go bhfuil sé cineáilín mall ag mo leithéidse anois agus mo shaol beagnach caite. Breá nár tháinig sé caoga bliain ó shin. Dá mbeadh na freagraí seo a'm ag tús mo shaoil b'fhéidir go mbeadh rudaí níos fearr.

DARACH: Á, bleadar, a sheanleaid! Bleadar muice is poll air! Is deas an Iahóva a dhéanfása. Ag dul thart lá is oíche ag scaipeadh bileoga seafóideacha nach bhfuil daoine ag iarraidh. Bloody Iahóva! '*An dTiocfaidh an Domhan Slán?*' (*Go searbhasach*) Ní thiocfaidh sé féin slán, an cladhaire, má thagann sé isteach thar an tairseach sin choíche aríst is mise thart . . . ag cur seafóideachaí mar sin (C*roitheann bileoga.*) isteach i gcloigeann seanduine. Nach bhfuil fhios aige go maith go bhfuil diomar ar do bhrainse cheana féin agus go bhfuil do chloigeann sách measctha mar atá sé? (*Buaileann na bileoga faoin urlár. Tagann* DANNY *isteach, mála siopadóireachta aige.*)

DANNY: Céard atá ag tarlú?

DARACH (*le Danny*):   Á, céard atá ag tarlú? Patrickín an Iahóva an gobshite a bhí thart ag spoutáil seafóide.

DANNY: Is cén dochar? Nach bhfuil an ceart sin aige? (*Ag tógáil rudaí amach as a mhála siopadóireachta agus á gcur ina n-áit féin. Dhá bhosca Weetabix is bosca Lyons Tea ina measc*)

DARACH: Chuile dhochar.

DANNY: Ach gan aon aird a thabhairt orthu mura maith leat a bhfuil le rá acu.

DARACH: Go díreach, gan aon aird a thabhairt orthu ach iad a ruaigeadh, rud a dhéanfainn dá mbeinn anseo.

COILIMÍN: Duine deas lách é Patrickín, muis.

DARACH (*le Coilimín*):   Lách sleamhain. Nach in é an chaoi a n-oibríonn siad? (*Le Danny*) Nach bhfuil a chloigeann siúd sách measctha mar atá sé gan a bheith ag pacáil tuilleadh seafóideachaí isteach ann?

DANNY: Má tá a chloigeann sách measctha mar atá sé, cén difríocht a dhéanfadh sé?

COILIMÍN: Ara, stopaigí ag argóint faoi Patrickín an créatúr, céard atá sé ag déanamh ach an rud a cheapann sé féin atá ceart? Ar nós duine ar bith.

DARACH: Ar nós duine ar bith – agus nach duine ar nós duine ar bith é nó go dtagann sé go cúrsaí creidimh. Ar cheap tú gur adharca a bheadh air, a leibide?

COILIMÍN: Adharca? (*Ag éirí*)

DARACH: Adharca faoi cheilt. Tá siad sin air ceart go leor. Sin iad is contúirtí. Ní aireofá iad nó go bhfaighfeá prod maith uathu. Na Iahóvas breátha sin. (*Le Coilimín idir shúgradh is dáiríre*) M'anam gurb in iad féin an dream a chuirfeadh deireadh le do chuid geaimbleála is le do chuid bettála breá sciobtha. Cuirfidh mé geall nár dhúirt sé é sin leat.

COILIMÍN: Geaimbleáil?

DARACH: Sea. Tá siad go mór in aghaidh geaimbleáil. Agus biongó. Peaca marfach. Is cén bhrí ach dá mbeifeá run down is dá dteastódh braon fola a chur ionat aon uair, dheamhan deoir choíche, muis. Dheamhan oiread is deoir amháin fiú dá mbeadh a bhfuil d'fharraige timpeall Oileáin Árann ina fuil ach d'fhágfaidís ansin tú go mbeadh an deoir dheireanach triomaithe istigh ionat nó suaite ag an saol asat.

COILIMÍN: An mar sin é anois?

DARACH: Is mar sin é anois. Bloody Iahóvas.

DANNY (*go mífhoighneach*): An bhféadfá éirí as?

DARACH: D'fhéadfainn éirí as. D'fhéadfainn, ach ní éireoidh.

DANNY (*ag géilleadh*): Bhuel, coinnigh ort, mar sin.

DARACH: Coinneoidh mé orm, mar sin.

COILIMÍN: Coinnigí oraibh eadraibh féin, mar sin, an bheirt agaibh. Ach tá mé ag ceapadh go sínfidh mé ar an leaba dom féin go fóilleach . . . Beagáinín suaimhnis atá uaimse, agus beidh mé in ann iad seo a léamh ar mo chompord. (*Téann sé siar ina sheomra.*)
(*Sos. Teannas*)

DANNY: Féacha anois, tá an seanleaid curtha trína chéile aríst a'd.

DARACH: Aríst! Cén chaoi ar féidir duine atá trína chéile le cúig bliana fichead a chur trína chéile tuilleadh? Ha?

DANNY: Cothrom an lae inniu a cailleadh Mam, bíodh fhios a'd.

DARACH: Bíodh fhios a'd. (*Olc air*) An bhfuil tú ag ceapadh nár chuimhnigh mise air sin – nó an bobarún mé, ab ea? Nach gcuimhním ar an lá ar maraíodh í níos fearr ná mar a chuimhníonn tusa! Agus údar a'm. Is gan ionatsa ach patachín.

DANNY: Nílim ag rá ach go bhféadfá a bheith níos sibhialta le daoine.

DARACH: Sibhialta . . . Bhuel, is dóigh gur cheart dom a bheith sibhialta le mná, ceart go leor. Tá sorry mór orm. (*Go searbhasach*) Breathnaigh anois, ón méid a bhí le feiceáil sa teach seo aréir tá do chuid problems fhéin a'dsa.

DANNY: Níl aon phroblem a'msa.

DARACH: Ó! Ó, nach bhfuil anois, agus is dóigh go mbíonn chuile fhear i gConamara ag dul thart ina gcuid sciortaí agus ina gcuid focain undies. (*Gáire tarcaisneach*)

DANNY: B'fhéidir go mbíonn níos mó ná mar a cheapfá, nó gur mhaith leo a bheith dá mbeadh sé de mhisneach acu.

DARACH: Ar ndóigh, b'fhéidir, ní bhímse ag iarraidh breathnú suas faoina gcuid éadaigh . . . agus meas tú céard a bheas le rá ag Cynthia faoi na céapars seo? Cuirfidh mé geall nárbh ise a tharraing na ceirteachaí sin a'd le fáisceadh suas faoi do ghabhal.

DANNY: Fág Cynthia amach as.

DARACH: Minic a dúirt mé gurbh uirthi a bhí an treabhsar is nach ortsa (*Gáire fonóideach*) ach, súr, tá na bras ort ar a laghad. Nó bhí. Tú féin agus do bhoutique de chiomachaí is de cheirteacha. Ara, ní fear ceart ar bith tú ach cineál . . . cineál–

DANNY: Cineál céard?

DARACH: Níl mé in ann smaoineamh ar an bhfocal.

DANNY: Ní minic leatsa easpa focla a bheith ort. (*Sos*)

DARACH: Cineál mixed up (*Sos*) mongrel. Mongrel strae.

DANNY (*olc air*): Focáil leat, a chunt.

DARACH: Ó, ní minic liom a bheith gan focla, a dúirt tú, is nuair atá siad cruinn beacht a'm, ní maith leat iad. Cá bhfios nach mbíonn tú ag plé le fir freisin – piteoigín – is é do leithéid a bheadh.

DANNY: Agus dá mbeadh!

DARACH: Bheadh, nach mbeadh . . . níl ionat ach cineáilín púca de dhuine, púca d'fhear nach bhfuil fhios aige fós céard ba cheart d'fhear a dhéanamh. Fear ceart.

DANNY: Focáil leat thusa! Níor rapeáil mise aon bhean ariamh!

(*Pléascann* DARACH. *Ritheann i dtreo Danny.*)

DARACH: Breathnaigh anois, a mhac! A chunt lofa bréagach! Tá tú ar nós an chuid eile acu.

(*Bíonn* scuffle *ann agus beireann* DARACH *ar mhuineál air, á chur i gcoinne an bhalla.*)

An bhfuil tusa ag cur rud éicint i mo leithse, an bhfuil?

(*Níl Danny in ann labhairt.*)

Nó scoiltfidh mé do chloigeann faoin range sin.

(*Bogann* DARACH *a ghreim beagán.*)

DANNY: Ní mise a chuir tada i do leith. Ní bheadh cúirt ann–

DARACH: Níor chruthaigh an chúirt sin tada mar gur thit sí

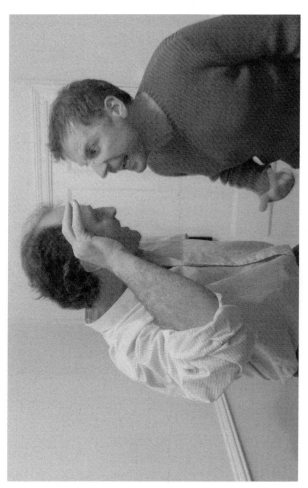

DANNY: *Focáil leat thusa! Níor rapeáil mise aon bhean ariamh!*

as a chéile th'éis dhá lá mar nár cheart a leithéid a
bheith ariamh ann. (*Sos*) Nach bhfuil fhios ag an
saol mór gurb in é an chaoi a raibh Sasana ag an am,
áit a rabhthas anuas sa mullach ar chuile Éireannach
mura ndéanfadh ach broim a ligean san áit
mhícheart . . . Coinníodh tusa do bhéal dúnta, táimse
a rá leat.

DANNY: Níl mise ag rá tada.

DARACH: Coinnigh do chlab dúnta mura bhfuil. (*Sos.
Bogann* DARACH *a ghreim agus scarann siad óna
chéile. Iad beirt craite go maith*) Is, ar aon nós, dá
mbeinn ciontach nach gcuirfí i bpríosún mé?

DANNY: Ní gá go gcuirfí nuair a dhéantar éagóir sa dlí.
Cuireadh an Guilford Four agus an Birmingham Six
i bpríosún agus gan iad ciontach.

DARACH: Ó, cuireadh.

DANNY: Is iomaí duine ciontach nár cruthaíodh ciontach
ariamh.

DARACH: Agus atá fós saor, ab ea?

DANNY: Sea, nó i bpríosún ag an saol.

DARACH (*ag bualadh doirn ar an mbord*): Breathnaigh, an
fúmsa nó fút féin atá tusa ag iarraidh a bheith ag
caint? (*Siúlann sé siar chuig a sheomra.*)
(*Dorchadas tobann*)

Radharc a Ceathair

Cistin/seomra suite an oíche dár gcionn. Tá Darach ina sheasamh sa doras atá oscailte, a dhroim leis an lucht féachana agus é ag breathnú uaidh amach. Féachann sé ar a uaireadóir. Seasann sa doras arís agus a ghualainn leis an ursain.

DARACH: Ó, a dhiabhail, féach an ceann atá ag teacht aniar an bóthar . . . agus an swing atá inti. By Christ, a mhac, áh! Dheamhan aithne nach léi féin an bóthar. (*Sos*) Ó, tá sí ag teacht isteach. Shílfeá nach bhfuil flowers ar bith anocht aici . . . b'fhéidir go bhfaca sí an deireadh a bhí ag an gcuid a thug sí anseo an oíche cheana ag teacht aniar thar an ngrotto di . . . anois beidh spóirt ann. (*Siúlann timpeall an tí go dtagann Cynthia chuig an doras ag bualadh a dhá bhos in aghaidh a chéile*) Á, muise do chéad fáilte, a Cynthia, tar isteach. (*Milseacht bhréige ag baint leis a chuireann iontas ar Cynthia nuair a thagann sí isteach*) Chuala mé go raibh date mór anocht agaibh. Ar ndóigh, is furasta a aithint ort agus chomh gléasta agus atá tú. (*Seasann Cynthia taobh istigh den doras go míshuaimhneach, gan í cinnte ar chóir di suí nó seasamh.*)

CYNTHIA: An bhfuil sé istigh?

DARACH: Coilimín, ab é? Tá sé istigh, cé nach bhfuil mórán dá chloigeann istigh. Tá sé thiar ina sheomra ag srannadh.

CYNTHIA: Danny!

DARACH: Chuaigh sé a chodladh luath. Tuirse. Tá a fhios a'd féin seandaoine nach bhfuil caillte fós is atá beo i gcónaí!

CYNTHIA: Danny, a deirim!

DARACH: Ó, sorry, sorry, a Cynthia. Danny, ab é? Bhuel, ní fheicim anseo é, má tá sé istigh anseo, an bhfeiceann tusa? (*Ag breathnú thart is isteach faoin mbord*)

CYNTHIA: An bhfuil sé thuas ina sheomra?

DARACH: Bhuel, a Cynthia, an dtuigeann tú, níl aon chead a'msa dul isteach i seomra Daniel so ní bheadh fhios a'm céard atá istigh ann is céard nach bhfuil. Privacy, an dtuigeann tú! Duine an-phrivate é Danny s'againne.

CYNTHIA: Ach–

DARACH: Ná téigh san áit nach bhfaigheann tú cuireadh, a deireadh an seandream fadó, agus sin an-chomhairle, an-chomhairle fiú sa lá atá inniu ann, th'éis a bhfuil d'athrú tagtha ar dhaoine.

CYNTHIA: An bhfuil sé istigh nó nach bhfuil?

DARACH: Bhuel, a Cynthia, faraor ach níl mise in ann an cheist sin a fhreagairt. Ní móide go mbeadh Dia na Glóire féin in ann do cheist a fhreagairt . . . An dtuigeann tú, tá duine éicint istigh sa seomra sin ach an bhfuil fhios a'd céard é féin, agus seo í glan na fírinne, níl fhios a'msa an fear nó bean atá istigh

ann. (*Sos*)   Cheap mé go bhfaca mé ruainne de
sciorta ag ardú san aer ar bharr an staighre so tá mise
mé féin cineáilín confused . . . sé sin mura mbeadh
mná eile istigh aige ann le haghaidh a bit on the side,
mar a deirtear . . . nó b'fhéidir gur thug na síógaí leo
é, gur thógadar as é is gur fhág iarlais ina áit.

CYNTHIA: Seafóid!

DARACH: Ó, ní seafóid ar bith é, a Cynthia.   Tá síógaí
ann, bíodh a fhios a'd.   Is ní féidir duine ar bith a
thrust.   Fiú Danny dílis s'againne.
(*Meascán mearaí ar Cynthia*)
An raibh sibh le dul amach anocht nó rud éicint?

CYNTHIA (*go teann*):   Tá muid ag dul amach anocht.
Amach as an mbloody áit seo, chomh maith dá
mbainfeadh sé leat.

DARACH: Ó, seachain an bhfuil, a Cynthia, mar tá mé ag
ceapadh go bhfuil pleanannaí athraithe ag Daniel
mar tharla rudaí go leor anseo an oíche cheana.
Plean B nó C atá le cur i bhfeidhm anois, sílim.
Chuala mé ag rá ar an teileafón le Meaigí é nach
dteastódh   sí   le   dul   ag   babysittáil   ar   an
seanbhuachaill anocht.

CYNTHIA (*gan í á chreidiúnt*): Seafóid.

DARACH: Ó, is é féin a chuala mise dá rá nach bhféadfadh
sé dul amach.

CYNTHIA: Tuige?

DARACH (*i nguth mná*): Ó, I have nothing to wear, a dúirt
sé. (*É ag cur guaillí air féin ar nós mná*)

CYNTHIA: Seafóid. (*Í ar tí déanamh ar an staighre*)

DARACH: Seachain! (*Á stopadh. Ag seasamh roimpi*) Ná

scanraigh é. B'fhéidir go bhfuil sé i lár jab éicint, ag downloadáil ban ón internet nó rud éicint. Dúirt sé liom dá dtiocfá a rá leat thar a bhfaca tú ariamh gan dul suas ina sheomra nó go mbeidh an áit réidh aige . . . Sílim go bhfuil sé ag ullmhú do fashion show nó diabhal éicint agus bhí sé ag caint freisin ar dhul ag modeláil, creid é nó ná creid. Dul ar an gcatwalk. (*Sos*) Ach níor cheart domsa níos mó a rá faitíos go ligfinn an cat as an mála. (*Sos*) Sílim gur theastaigh uaidh surprise beag a thabhairt duit agus níor mhaith liomsa a bheith anseo leis an nóiméad a mhilleadh oraibh. (*Ag cogarnaíl*) Secret é, an dtuigeann tú? Rudaí pearsanta. Tá Danny s'againne lán leo. Private affairs. Nuair a bhíonn an cat amuigh bíonn an luch ag rince. Níl a fhios ag an seanleaid fiú, th'éis chomh mór agus atá sé féin agus Danny Boy le chéile.

(*Roinnt imní ar Cynthia, mar a thuigfeadh sí go bhfuil fírinne áirithe ina chuid cainte*)

Táimse ag dul amach, a Cynthia, síos tigh Jeaic Johnny ag breathnú ar Sky Sports. Tá Man. United ag imirt anocht, foireann éicint ón Spáinn nó ón nGréig nó ó thír éicint agus ba mhaith liom a bheith ann lena bhfeiceáil buailte. Is tá súil a'm go mbuailfear na seacht gcac astu.

(*Piocann sé scian den bhord agus caitheann suas é le doras Danny.*)

Danny! Daniel! An bhfuil duine ar bith istigh? Má tá tagadh sé nó sí amach. Tá sé in am géilleadh. (*Gáire*) Tá an t-arm anseo. (*Téann sé amach an doras ag feadaíl 'Is óra mhíle grá', é imithe faoin am a dtagann* DANNY *amach, eisean cineál craite ag breathnú.*)

DANNY: Ó, Cynthia! Cynthia! Tusa atá ansin, níor airigh mé ag teacht tú.

CYNTHIA (*go fústrach*): Darach. Darach a rinne é sin, a chaith an scian. Bhí sé romham sa doras nuair a tháinig mé agus níor fhéad mé an cloigín a bhualadh.

DANNY: Ceart go leor. Ceart go leor. (*É fanta ag barr an staighre. Cynthia thíos an t-am ar fad agus cineál iontais uirthi nach dtagann sé anuas.*)

CYNTHIA: Céard atá ar Dharach anocht? Tá sé ag actáil an-aisteach. Bhuel, níos aistí ná mar a bhíonn sé ag actáil go hiondúil.

DANNY: Sin ceist.

CYNTHIA: Céard atá i gceist a'd?

DANNY: Ar dhúirt sé mórán?

CYNTHIA: Bhí sé ag bleadaráil is ag fiodmhagadh leis féin ansin le deich nóiméad ach níor fhéad mé tóin ná ceann a fháil ar leath dá chuid cainte.

DANNY: Cynthia.

CYNTHIA: Sea?

DANNY (*go grámhar*): Tar aníos anseo.

CYNTHIA: Céard?

DANNY: Tar aníos anseo, a deirim.

(*Meascán de sceitimíní agus d'imní ar Cynthia*)

CYNTHIA: Danny, céard atá ag teacht ort?

DANNY: Caithfidh mé foláireamh beag a thabhairt duit. Bainfear geit asat.

CYNTHIA: Danny! Ní corp atá thuas a'd ann, an ea? (*Ag gáire*)

DANNY (*dáiríre*): Tá an-bhrón orm faoin moill atá orm leis seo. Tá mé ag cur an lá seo ar an méar fhada le blianta, a Cynthia, á chur siar is á chur siar agus tá súil a'm go maithfidh tú dom é.

CYNTHIA: Tá sé alright, alright, a Danny! Mhaithfinn rud ar bith dhuit. (*Sceitimíní uirthi agus í ag dul suas an staighre*) Wow. Tá mise réidh. Tá mise réidh. Ní féidir liom é seo a chreistiúint. Céard faoi mhí . . . mí na Nollag, b'fhéidir? Bheadh sé go deas faoi Nollaig. Caithfidh muid trí mhí notice a thabhairt don sagart, ar aon nós, an dtuigeann tú?

DANNY: Go réidh, go réidh. Fan ort, a Cynthia. (*Casann DANNY air an solas. Téann siad isteach sa seomra. CYNTHIA ag breathnú timpeall. Tá gúna nó dhó crochta suas ar na ballaí, fo-éadaí agus éadach ban de chuile chineál ag gobadh aníos as bosca atá leagtha ar an leaba. Hata mná nó dhó*)

CYNTHIA (*mearbhall uirthi*): Céard? Le haghaidh dráma?

DANNY: Ní hea. Lig dom míniú duit.

CYNTHIA (*ag tógáil ceann de na gúnaí*): Domsa? (*Sos*) Ach ní chaithimse dath oráiste. Tá a fhios a'd go maith–

DANNY: Nóiméad amháin.

CYNTHIA: An bhfuil bean éicint eile i gceist? (*Ag cúlú siar uaidh*) Dúirt Darach–

DANNY: Níl! Is cuma céard dúirt Darach. Tá grá a'm duit, a Cynthia, agus duitse amháin agus bhí mé dílis ariamh duit.

CYNTHIA: Bhuel, sin a cheap mé, ach–

DANNY: Tá rud amháin fúm a chaithfeas mé a inseacht duit. Ní chuirfidh mé fiacail ann níos faide. (*É ar crith*) Trans. (*Sos*) Transvestite atá ionamsa. (*Sos*)

CYNTHIA: What? (*Geit uafásach bainte aisti agus an chaint bainte di*)

DANNY: Trans. (*Stopann*) Tá brón orm. Ach sin tús is deireadh an scéil lena chur lom díreach. Níl aon neart a'm air. Sin é an chaoi a bhfuil mé, a Cynthia. (*Sos*) Sin é an chaoi a mbeidh mé.

CYNTHIA: Danny! (*Uafás uirthi. Í ag stánadh ar an éadach le súile móra. Scéin inti. Gan í in ann labhairt ná an scéala a thógáil isteach i gceart*)

CYNTHIA: Danny!

DANNY: Tá brón orm, a Cynthia. Mar a dúirt mé–

CYNTHIA: Ach ní fhéadfadh sé seo a bheith fíor.

DANNY: D'fhéadfadh, a Cynthia. Agus tá.

CYNTHIA: Ach Danny, Danny! (*Í ag titim ina suí ar an leaba.*

Téann DANNY *anonn chuici agus é ar tí a lámh a chur timpeall uirthi.*

Brúnn sí uaithi é.) Fan amach uaim!

DANNY: Cynthia, tá brón orm–

CYNTHIA (*go teann*): Chuala mé tú! Níl mé bodhar. (*Sos fada míchompordach*)

DANNY: Tá aiféal orm.

CYNTHIA: Ní thuigim. Ag imirt cluichí.

DANNY: Ní cluichí iad. Sé mo shaol–

CYNTHIA: Stop. Stop, a deirim! (*Leagann sí a lámha ar a bolg. Pléascann sí ag caoineadh. Sos. Ardaíonn*

a ceann théis tamaill. *Tosaíonn ag scrúdú na
n-éadaí sa bhosca, ag breathnú timpeall ó cheann
go ceann. Go tobann stopann sí nuair a leagann a
súil ar bhall éigin. Éiríonn ina seasamh agus
piocann suas an brístín agus an cíochbheart*
lingerie.) Mo chuidse! Mo–
(*Cineál náire ar Danny*)
Ghoid tú iad ón líne éadaí s'againne. Agus bhí row
fíochmhar a'msa le mo dheirfiúr mar gheall orthu.

DANNY: Nuair a chonaic–

CYNTHIA: Tú dá gceannacht seo domsa le cur ort féin.
Bronntanas breithlae mar dhea! (*Stampálann a cos
faoin urlár.*
Sos fada. Cynthia fós ag gol. Suíonn sí síos arís.)

DANNY (*go séimh*): Tuigim go bhfuil sé seo deacair ort . . .
ach is mé an duine céanna, a Cynthia . . . Níl iontu
seo ach éadaí, ceirteacha . . . déanta as cadás, as
olann, as síoda . . . Is mé an duine céanna, a
Cynthia, is mé agus is é an grá céanna atá a'm duit,
taobh thiar de na héadaí seo ar fad. Bhuel, mar a
deir an seanfhocal, cuir síoda ar ghabhar. (*Gáire
beag, ag iarraidh an teanas a mhaolú*)

CYNTHIA (*go feargach*): Cuir síoda ar ghabhar. Seafóid!
An gabhar sa teampall!

DANNY: Ní thuigim céard atá i gceist a'd, a Cynthia.

CYNTHIA: Ní gá go dtuigfeá, mar ní thuigeann mise thusa,
tú féin agus do chuid secrets.

DANNY: Ach–

CYNTHIA: Ní aithním tú níos mó, a Danny. Is tá ceap
magaidh á dhéanamh a'd díomsa.

DANNY: Cynthia. Níl aon mhagadh i gceist. Ní thuigeann tú–

CYNTHIA (*ag béiceach*): Ná cloisim aríst tú ag rá nach feicin dtuigim! Tuigim go rí-mhaith nach dtuigim. Ag déanamh óinseach mar seo díom?

DANNY: Ní haon óinseach. Bhí mé chun é a inseacht–

CYNTHIA (*ar buile*): Bhí! Ar lá ár bpósta, ab ea? Nuair a thiocfadh muid ar ais chuig an óstán lenár gcuid éadaigh a athrú le dul ar mhí na meala. Nuair a bhainfeá díot do threabhsar agus nuair a d'fheicfinnse mo phéire brístíní ort . . . is ansin a d'inseofá dom, an ea?

DANNY: Cynthia. (*É ag dul ina treo.*
Iompaíonn CYNTHIA *a cúl leis agus seasann sé san áit ina bhfuil sé.*)

CYNTHIA: Mé ag teacht aníos anseo. (*Sos*) Mé cinnte gur ceiliúr pósta a bheadh i gceist. (*Gol*)

DANNY: Agus cén fáth nach bpósfadh?

CYNTHIA: Go mbeinn pósta le . . . le . . . le (*Sos*) cineál freak. Go mbeinn stuck leis. Go mbeadh a threabhsar inniu air is mo ghúna amárach, ab ea?

DANNY: Ní hin é. Dá ligfeá dom míniú.

CYNTHIA: Ní gá míniú. (*Ag féachaint timpeall ar na héadaí*)

DANNY: Tá brón orm, a Cynthia. Dá dtuigfeá–

CYNTHIA: Ná labhair ar thuiscint, a deirim! Cuireann tú féin is do sheomra fonn múisce orm.
(*Suíonn* DANNY *síos, fios aige nach fiú dó aon iarracht eile a dhéanamh ar a scéal a mhíniú.* CYNTHIA *ag casadh timpeall amhail is dá mbeadh*

meadhrán ag teacht uirthi. Briseann sí síos ag gol go tobann agus ritheann amach as an seomra, síos an staighre agus amach an doras, ag fágáil an dorais ar oscailt.)

Freak! Freak!

DANNY (*ag rith ina diaidh*): Cynthia, Cynthia! Fan go fóill!

(Féachann ar dhoras sheomra Choilimín is faitíos air gur dúisíodh é. Dúnann doras na sráide. Féachann timpeall an tí.) A Chríost! (*Téann sé suas an staighre go mall, isteach ina sheomra. Tosaíonn ag breathnú ar na héadaí, ag breathnú uaidh. É ag osnaíl. Breathnaíonn sa scáthán amhail is dá mbeadh an ghráin aige air féin nó dá mbeadh ar thóir duine eile istigh ann. Caitheann sé é féin siar ar an leaba.)*

Radharc a Cúig

Grotto na Maighdine Muire uair an chloig níos deireanaí.
Is leor cúinne beag den stáitse a úsáid.   Spotsolas
amháin.   Dealbh mhór gheal le feiceáil ann agus clocha
timpeall uirthi.   Nuair a lastar an solas feiceann muid
Cynthia, í ina suí ansin tar éis di a bheith ag gol, na deora
fós ar a súile, a cúl iompaithe leis an dealbh aici.   Go
tobann cloistear duine ag teacht.   Glanann CYNTHIA *na*
deora dá héadan faoi dheifir agus déanann iarracht ar
shlacht a chur uirthi féin ionas nach dtabharfar tada faoi
deara.
Tagann MEAIGÍ *isteach agus bláthanna aici.*

MEAIGÍ: Ó, Cynthia!   Níor aithnigh mé ansin i dtosach
tú.   Céard atá tú–

CYNTHIA: Tada.   Ní raibh mé ach–
(*Tugann Meaigí faoi deara go bhfuil rud éicint*
mícheart.)

MEAIGÍ: Ó, Cynthia, bhí tú ag caoineadh.   Is níor cheart
duit a bheith amuigh sa bhfuacht.

CYNTHIA: Ní raibh mé ach . . . Theastaigh uaim a bheith
liom féin.

MEAIGÍ: Ó, tá brón orm, Cynthia.   Níl ann ach gur
tháinig mé le roinnt bláthanna úra a chur ag an
ngrotto agus le coinneal bheag a lasadh.

CYNTHIA: Tá a fhios a'm.

Glanann Cynthia na deora dá héadan.

MEAIGÍ: Is beag lá a ligim tharam gan cúpla nóiméad de
a roinnt leis an Maighdean Mhuire. Sí Máthair na
Síorchabhrach í, an dtuigeann tú? Is féidir leat do
mhuinín a chur inti.

CYNTHIA (*ar tí imeacht*):   Máthair na Síorchabhrach . . .
Sin a deireadh mo sheanmháthair freisin.

MEAIGÍ: Ná himigh, ná himigh, a Cynthia.   Ná bíodh
mise do do dheifriú. Is do chuile dhuine an grotto
seo, go háirithe don té atá faoi bhuairt nó faoi imní.
Beidh mise ag imeacht ach a mbeidh an choinnilín
seo lasta a'm. (*Sos. Cineál fiosrach*) Danny, ab é?
Ó, gabh mo leithscéal. Ní bhaineann sé dhom.

CYNTHIA: Danny, sé.

MEAIGÍ: Á, tuigim.   Bíonn deacrachtaí i gcónaí le cúrsaí
den chineál sin. Ní bhíonn rudaí simplí, ná chomh
sona agus a fheictear iad ón taobh amuigh.
(*Beagán goil ó Cynthia*)
Shh, anois, a Cynthia. (*Ag leagan a lámh ar a
gualainn*) Beidh rudaí ceart go leor tar éis lá nó dhó.
Is beag caidreamh nach mbíonn corrhitch ann anois
is aríst.

CYNTHIA: Níl a fhios a'm . . .

MEAIGÍ: Ara, beidh, a stór.   Tá an grá foighneach, an
dtuigeann tú?

CYNTHIA: Ah?

MEAIGÍ: Ceapann tú nach dtuigimse cúrsaí grá, a
Cynthia, ós seanbhean mé nár phós ariamh.

CYNTHIA: Ní cheapaim.

MEAIGÍ: Bhí mise geallta uair amháin.   An gcreidfeá é
sin? (*Í ag iarraidh dóchas a thabhairt di*)

CYNTHIA: Geallta . . . le pósadh!

MEAIGÍ: Deile. (*Sos*) Sea, ní gá duit fiafraí díom cé leis.
(*Sos*) Le Coilimín, an créatúr.

CYNTHIA: Le Coilimín!

MEAIGÍ: Le Coilimín. Sea. Ní bheadh a fhios ag mórán
daoine é sin. Bhuel, bheadh a fhios ag na
seandaoine ceart go leor . . . Fiú Danny is Darach,
níl fhios acu faoi, sílim.

CYNTHIA: Agus . . . agus?

MEAIGÍ: Agus, céard a tharla, ab ea? Nach tú atá
fiosrach! Bhuel, rinne mé rud seafóideach. Chuir
mé deireadh leis mar gur tháinig drochmhisneach
éicint orm. Taom éicint a bhuail mé. Mise a chuir
deireadh leis. Agus rinne mé mistake. Rinne mé
mistake, más mistake a bhí ann. Ní féidir le duine a
leas féin a thuiscint ariamh.

CYNTHIA: Imagine! Ní raibh fhios am'sa tada faoi sin.

MEAIGÍ: Ach, buíochas le Dia, tháinig Coilimín chuige
féin agus phós sé Kate, an créatúr, an cara ab fhearr
a bhí a'm agus bhí áthas orm . . . áthas orm don
bheirt acu. Bhuel . . . nó gur tháinig an toirneach
mhallaithe sin.

(*Déanann* CYNTHIA *gáire beag. Sos*)

CYNTHIA: Ag iarraidh tusa agus Coilimín a shamhlú pósta
le chéile a bhí mé.

MEAIGÍ: Tá rudaí áirithe ann agus is fearr iad a fhágáil
don tsamhlaíocht. (*Sos*) Póstaí ina measc, scaití. Ní
bhíonn fhios ag duine ariamh. (*Sos*) Is ar bhealach
aisteach, nach raibh muid ag a chéile sa deireadh?
Mé fhéin is Coilimín. Is aisteach an chaoi a gcasann

rothaí móra an tsaoil. (*Sos fada*) Breathnaigh anois. Las an choinneal sin thusa agus fág do chuid trioblóidí anseo ag an Maighdean Mhuire. (*Beagán creatha ar Cynthia*) Nó fan, lasfaidh mise duit í – ar do shon – má choinníonn tú greim ar an gcrúiscín sin dom. (*Beireann* CYNTHIA *ar an gcrúiscín.*) Á, is duine lách é Danny, a Cynthia. Breathnóidh sé i do dhiaidh go maith, sin cinnte. An bhfuil fhios a'd gur mise a chuaigh chun baiste leis? Agus is mé a chuaigh chun baiste le Darach freisin. Fear maith é Darach é féin cé go mb'fhéidir nach gceapfá sin ón sclafairt a bhíonn air. Bíonn sé ag déanamh fear crua de féin ach is cur i gcéill go leor de sin. A'msa atá fhios air, óir is mé a thóg iad leath a saoil. Ghoill bás a mháthar ar Dharach níos mó ná mar a ghoill sé ar aon duine eile. Ghlac sé an-dona leis. Sin é Darach.

(*Pléascann* CYNTHIA *ag caoineadh.*)

Ó, tá brón orm, a Cynthia, tá brón orm. Rinne mé dearmad. (*Sos. Tógann sí an choinneal lasta ó Cynthia ionas nach dtitfidh uaithi.*

Imíonn CYNTHIA *faoi dheifir.*

Iompaíonn MEAIGÍ *timpeall ag tabhairt aghaidhe ar an dealbh agus bíonn ar tí an choinneal lasta a leagan ann.*)

Ó, a Mhaighdean Mhuire, 'Mhaighdean Mhuire. (*Téann sí ar a glúine ag an ngrotto, á coisreacan féin as éadan.*)

MEAIGÍ: *Ghlac sé go dona leis. Sin é Darach.*

Radharc a Sé

Seomra suí/cistin. Deireanach an oíche chéanna nó go moch ar maidin. Danny ar bharr an staighre sa dorchadas/leathsholas. Gúna a mháthar air agus folt bréige etc. *Tagann sé anuas an staighre go mall cúramach smaointeach. Téann chuig an teileafón. Diailíonn uimhir agus suíonn síos. Sos.*

DANNY: Cynthia. Cynthia, Danny anseo. Bhí fhios a'm go mbeadh an fón casta de a'd, nó, nó bhí tuairim a'm nach bhfreagrófá é. Nílim in ann titim i mo chodladh, mothaím chomh haisteach, bhuel, ní hin é an focal ceart, b'fhéidir, (*Sos*) ach ní mhothaím ceart. Ar bhealach tá áthas orm go bhfuil an fón casta de a'd mar tabharfaidh sé deis dom mo theachtaireacht a chríochnú gan tú gearradh romham. Agus fiú mura n-éisteann tú choíche léi beidh, bhuel, beidh sé curtha de mo chroí a'm. Ach impím ort éisteacht. (*Sos*) Tá aiféal orm, a Cynthia, faoinar tharla. Ba chóir dom a bheith macánta leat níos túisce agus labhairt amach díreach faoi mo chás. Ach ansin tá rudaí ann agus tá sé deacair iad a rá amach díreach, (*Sos*) go háirithe i gConamara. (*Gáire beag*) In aon áit, b'fhéidir, mar nach é Conamara an áit is iargúlta sa tír níos mó. Ach mar a dúirt mé leat, nó mar a shíl mé a rá leat anocht tá mar a bheadh duine eile istigh ionam . . . (*Sos. Bleep. Gearrann an fón amach.*)

DANNY: Flip! (*Diailíonn an uimhir arís agus fanann go dtagann an meaisín air.*) Cynthia. Mise anseo aríst. Ghearr an meaisín amach. Ach, ar aon nós, mar a bhí mé ag rá. (*Sos*) Tá mar a bheadh duine eile istigh ionam, duine nach bhfanann socair, scaití móra. (*Sos*) Uaireanta eile bíonn a fhios a'm go maith gur mé féin atá ann, nó leagan eile díom féin. Nó b'fhéidir gurb amhlaidh nach ligim amach an strainséir atá istigh ionam, le go bhféadfainn réiteach i gceart liom féin, is a bheith ar mo chompord. Sin é an fáth go gcaithim éadach mná scaití. Bíonn mar a bheadh fonn ollmhór orm – cineál dúil nó ragús doshrianta – a chaithim a shásamh. Ionas nach mbíonn aon rogha a'm. (*Sos*) Aon rogha ach géilleadh, nó d'imeoinn as mo mheabhair. As mo mheabhair. (*Sos*) D'imeoinn craiceáilte. Tá mé sáinnithe ag an mian seo. (*Sos*) Tá súil a'm, a Cynthia go dtuigeann tú, (*Sos*) go dtuigeann tú a bhfuil mé ag iarraidh a mhíniú duit agus go bhfuil grá a'd dom i gcónaí. B'fhéidir go gcuirfeá glaoch orm amárach. Oíche mhaith, a stór. (*Leagann síos an glacadóir. Fanann ina shuí ansin. Íslítear na soilse agus é ina shuí sa chathaoir.*)

Radharc a Seacht

Seomra suite/ cistin.   Uair nó dhó níos deireanaí.
Dorchadas. Ansin lasracha agus toirneach thréan.
Feicimid Danny, atá fós sa chathaoir, ag dúiseacht ach
fanann sé ina shuí ansin mar a bheadh dealbh ann. Ansin
tagann COILIMÍN *aniar as a sheomra, gan air ach*
pitseámaí, Tellytubby ina lámh aige. Fanann Danny ina
staic ansin. Bíonn an solas cineál dorcha sa radharc seo.

COILIMÍN: Cá bhfuil an t-uisce coisreacain? An t-uisce
coisreacain. (*Téann sé go dtí ceann de na cófraí*
agus tógann buidéal amach as. Baineann an claibín
de, á choisreacan féin. Croitheann braonacha de ar
fud an tí, siar doras a sheomra.) Darach. U i s c e
coisreacain. (*Déanann sé ar sheomra Dharaigh,*
osclaíonn doras an tseomra agus croitheann braon
uisce coisreacain siar ann.   Dúnann aniar an
doras.) Danny. Braon uisce choisreacain. (*Téann*
sé i dtreo an staighre go mall, agus suas céim nó dhó
agus croitheann suas an t-uisce.) Uisce coisreacain,
a Danny. Le tú a choinneáil sábháilte ón toirneach.
(*Iompaíonn sé timpeall le teacht anuas agus*
feiceann sé Danny ina shuí ag stánadh uaidh, é fós
gléasta i ngúna a mháthar, folt gruaige air.
Ceapann sé gurb í Kate atá ann.) Kate, Kate. Is tú
fhéin atá ann, bail ó Dhia ort. Bhí fhios a'm go

maith nach bhfágfá liom féin mé ar dhrochoíche.
Kate, Kate. (*Beireann sé barróg ar Danny.*
Baintear geit as DANNY *ach coinníonn sé srian air*
féin agus ligeann do Choilimín a cheapadh gurb í
Kate atá aige.)

Tá súil a'm nach ndúiseoidh an toirneach na
gasúir. Teann anuas chuig an range, tá sé fuar
thuas ansin ag an bhfuinneog. Ní maith liom an
toirneach sin, a Kate, ní maith liom an toirneach.
Ní bhím in ann codladh aici.

(*Iad ag déanamh ar an gcathaoir. Fanann* DANNY
ina sheasamh.)

Suífidh mé síos anseo go fóilleach. Sín chugam
mo *Watchtower*, tá sí ansin ar an mbord. Siar leat
a chodladh thusa, má tá tú tuirseach, maith an
bhean. Tá tú maraithe tuirseach th'éis na ngasúr.

(*Síneann* DANNY *an* Watchtower *chuige*)

Beidh mé siar i do dhiaidh ar ball beag ach a
stopfaidh an toirneach.

(*Suíonn. Osclaíonn* DANNY *doras sheomra*
Choilimín agus dúnann arís go mall gan dul siar
ann, é ina sheasamh ar chúl Choilimín. Sos.
Cromann COILIMÍN *a chloigeann faoi go mall agus*
tosaíonn ag míogarnach chodlata. Nuair a
thugann Danny faoi deara Coilimín ag
míogarnach osclaíonn sé doras a sheomra arís
agus siúlann thairis ar a chúl go mall, gan é a
dhúiseacht agus téann suas chuig a sheomra féin.
Ní fheictear é istigh ina sheomra féin. Cloistear
díle bháistí, lasracha agus tuilleadh toirní.

Díríonn COILIMÍN *aniar. Tá doras an tseomra oscailte.*

Ciúnas. An lá ag breacadh)

COILIMÍN (*é ag caint siar ina sheomra*): Níl duine ar bith anseo, a Khate. Níl duine ar bith anseo. Caithfidh sé nár éirigh na gasúir fós. Is fearr gan iad a dhúiseacht, a Khate. Is fearr gan iad a dhúiseacht. Ós rud é nach bhfuil scoil ar bith inniu acu.

(*Tá cóip den* Watchtower *i lámh amháin agus* Tellytubby *sa lámh eile.*) Iahóva. (*Ag oscailt na hirise. Ag léamh*) 'Life after Death.' Ach tá an prionda chomh beag sa diabhal de leabhairín seo agus níl mé in ann mo mhagnifine glass a fháil cibé cár chuir mé é . . . Ní bhíonn mórán pócaí ar phyjamas. Ara, b'fhéidir nach fiú í a léamh. (*Sos*) Céard déarfá, a Khate? (*Ag féachaint i dtreo a sheomra*) Meas tú nach joineálfaidh muid na Iahóvas an bheirt a'ainn. (*Gáire beag*) An bheirt a'ainn le chéile. (*Sos. Mar a bheadh sé ag éisteacht léi á fhreagairt*) Níl fhios a'm anois, by dad. (*Sos*) Sin é is fearr dúinn a dhéanamh, cuirfidh muid ceist ar an sagart th'éis an Aifrinn ar ball. Cuirfidh, by dad. Bheadh a fhios aige siúd. Is má deir an sagart go bhfuil sé ceart go leor, joineálfaidh muid iad. Joineálfaidh, by dad. (*Sos*) Meas tú, a Khate? M'anam go mb'fhéidir gur a'd atá an ceart, gur fearr coinneáil isteach uile leo, chuile dhream acu . . . Tá gach uile dhream ann, tá sin. (*Sos*) Na Muslims. Tá a leithéidí ann. Tá, siúráilte. Ach bíonn siad siúd ag caitheamh cloch lena chéile. Bhuel, bíonn siad ag caitheamh cloch le mná ar chaoi ar bith agus ní thaitneodh sé sin leatsa, a Khate. Is tá an ceart a'd. Caithfidh sé go bhfuil neart cloch thall sna tíortha sin ina mbíonn siad. Lán de chlocha. (*Sos*) Ach oiread le Conamara. Ní bheidh an chloch dheireanach caite choíche más in é an chaoi é. Ní bheidh. (*Sos*) Is tá dreamannaí eile ann. (*Sos*) Ach ansin bíonn cuid acu siúd ag marú a chéile, nach mbíonn? Bíonn na Hindus sin ag marú na Muslims nó . . . nó . . . fainic nach iad na Muslims a bhíonn ag marú na mBuddhists mura bhfuil mé á meascadh suas, is diabhal mórán caoi ar an ealaín sin ach oiread . . . ag marú dream mar go bhfuil creideamh eile acu . . . cosúil leis na Caitilicigh is na Protastúnaigh thuas sa North, ab ea . . . bhuel, sea is ní hea, a Khate. Bíonn na Caitlicigh is na Protastúnaigh ag marú a chéile, ceart go leor, ach ní mar a chéile é . . . (*Sos. Lagú beag ar an solas. É ag caint leis an Tellytubby*) Ach céard é seo a dúirt Darach faoi na Iahóvas . . . nach ligfidís ag geaimbleáil mé, ab ea, ná amach ag an mbiongó ná nach bhféadfainn cur isteach ar an raffle . . . ach súr cén mhaith a bheith beo mura bhféadfá aon phlé a bheith a'd leis na rudaí sin . . . dheamhan maith, muis . . . (*Caitheann amharc ar an* Watchtower) *Watchtower!* Ach b'fhéidir go mbeadh muid in ann éalú amach ag an mbiongó chuile Chéadaoin i ngan fhios dóibh . . . mar a d'éalaíodh muid amach chuig na damhsachaí fadó, a Khate, i ngan fhios do na sagairt agus a gcuid maidí draighin. Ach labhair sé faoi fhuil freisin. Labhair. (*Sos*) Dá dteastódh fuil uait, a dúirt sé . . . dá dteastódh blood transfusion uait. Dheamhan deoir a chuirfidís siúd ionat dá mbeadh a bhfuil d'fharraige i gCuan na Gaillimhe ina fuil dhearg timpeall ort is tú ag dul go muineál inti do do bháthadh . . . Dheamhan deoir fola a chuirfidís ionat . . . Dheamhan lán méaracáin fiú dá mbeadh an spéir ina fuil . . . Is m'anam féin gur chuma liom ar bhealach . . . Ba chuma liom, by dad. Mhairfinn gan fuil, seacht lá na seachtaine . . . mhairfinn . . . ach an biongó Dé Céadaoin . . . is an raffle . . . is na caiple . . . cá mbeinn dá n-uireasa sin? (*Sos. Titeann an* Watchtower *as a lámh agus ar an urlár. A chloigeann ag titim siar go réidh. Titeann an Tellytubby isteach ina ucht as a lámh. Titeann a lámha síos lena thaobh.*)

Radharc a hOcht

Sa chistin/seomra suite. Lá tar éis na sochraide. An mhaidin atá ann. Tá a chuid málaí pacáilte nach mór ag Danny agus é réidh le himeacht. Tá sé ag cur roinnt rudaí in eagar anseo is ansiúd ar fud na cistine, ag piocadh amach corr-rud leis féin agus á gcaitheamh síos ina mhála. An teach cineál folamh ag breathnú seachas mar a bhíodh. Tá doras sheomra Choilimín oscailte. Tá Meaigí í féin i láthair, í ina seasamh suas cineál gar don doras, amhail is dá mbeadh sí ag mothú beagán as áit.

DANNY (*leis féin*): Tá sé deacair cuimhneamh ar chuile shórt.

MEAIGÍ: Má tá tú ag iarraidh orm breathnú i ndiaidh tada?

DANNY: Ní bheidh, a Mheaigí. (*Féachann ar a uaireadóir.*) Sílim go bhfuil chuile shórt réidh a'm faoi seo. Ach go raibh míle maith a'd as chuile chúnamh.

MEAIGÍ: Ba é an rud ba lú dom é.

DANNY: Go háirithe laethanta na sochraide. Murach tú. (*Sos*)

MEAIGÍ (*tocht ina glór*): Aireoidh mé uaim é. Coilimín, an créatúr. Aireoidh mé uaim go mór é.

DANNY: Tá fhios a'm sin, a Mheaigí. Is tá muid go mór faoi chomaoin a'd as chomh dúthrachtach agus a bhreathnaigh tú ina dhiaidh. Bhí tú mar a bheadh máthair aige.

MEAIGÍ: Bean chéile. (*Gáire*) Beagnach!

DANNY: I do mháthair agus i do bhean chéile araon, mar sin. Cibé scéal é, ní fhéadfá níos mó a dhéanamh dó.

MEAIGÍ: Ní dhearna mise ach mo dhícheall. B'fhéidir gurb in a tharlaíonn.

(*Sos*)

DANNY: A tharlaíonn?

MEAIGÍ: A tharlaíonn do dhaoine nach bpósann.

DANNY: Is dóigh . . . scaití.

MEAIGÍ: Tugann siad aire do dhaoine le daoine eile. (*Tocht ina glór*) Nuair nach mbíonn a gcuid daoine féin acu.

DANNY: Bhuel, cuid acu, ar aon nós.

MEAIGÍ: Danny. (*Sos*) Níl a fhios a'm céard a dhéanfas mé feasta. (*Tosaíonn sí ag caoineadh.*)

DANNY (*ag dul anonn chuici*): Á, a Mheaigí.

MEAIGÍ: Tá brón orm, a Danny, a bheith mar seo, ar an lá a bhfuil tú ag imeacht is uile, ach ba chuid den teaghlach seo mise freisin le breis agus cúig bliana fichead. (*Sos*) Agus sé inniu Dé Céadaoin. (*Sos*) Coilimín, an créatúr.

DANNY: Á, anois, anois, a Mheaigí.

MEAIGÍ: Chuile Chéadaoin. Chuile oíche bhiongó. Chuile oíche a bhféadfainn teacht anall anseo ag tabhairt aire dó, an créatúr, agus go deimhin b'fhurasta aire a thabhairt dó . . . Níl fhios a'm cén chaoi a gcaithfidh mé na hoícheanta sin níos mó. (*Sos*) Taobh istigh de bhallaí mo thí féin.

DANNY: Ach nach mbeidh an biongó i gcónaí ann, a Mheaigí–

MEAIGÍ: Ní bheidh. Nó ní bheidh sé mar a chéile. Tá mo shaolsa imithe le Coilimín. Bhí sé chomh maith dom a bheith – bhí sé chomh maith dom–

DANNY: Á, anois, a Mheaigí.

(*Tagann* DARACH *isteach doras na sráide. Seanéadach air, é ag tógáil seanéadaí agus mangarae aniar as seomra Choilimín agus á ndó*)

DARACH: Ó, a Mheaigí. Má tá aon seanrudaí le dó anois a'd, seo é do sheans. (*Ag déanamh ar sheomra Choilimín*) Tá mé ag déanamh tine chnámh den mhangarae seo. (*Ag caint aniar as an seomra. Tugann sé aniar seandrárannaí, pluideannaí, éadach,* wellington *agus pota plaisteach, iad ina ghabháil aige.*) Full-time job é seo, is ba chóir health warning a bheith ag dul leis. (*Imíonn amach. Croitheann* MEAIGÍ *í féin.*)

MEAIGÍ: Ní fheicfear mise mórán sa teach seo níos mó, a Danny. (*Í ag breathnú timpeall*) Ach amháin nuair a thagann tú féin abhaile. Má thagann tú abhaile. (*Sos*) An dtiocfaidh?

DANNY (*ag análú go domhain*): Níl fhios a'm, a Mheaigí. Ó am go chéile, b'fhéidir. (*Sos*) B'fhéidir eile nach dtiocfainn. Níl fhios a'm céard atá amach romham.

MEAIGÍ: Ar cuairt?

DANNY: Ar cuairt.

MEAIGÍ: Ní chuirfinn aon mhilleán ort mura dtiocfá le cónaí. Beidh níos mó compoird thall agaibh.

DANNY: A'inn? (*Sciorrann an focal uaidh.*)

MEAIGÍ: A'd féin is ag Cynthia. (*Go ceisteach*) Ar ndóigh, sí atá i gceist a'm. (*Gáire*) Ar ndóigh níor cheap tú gur tú féin agus Darach a bhí i gceist a'm? (*Ag ísliú a glóir. Gáireann* DANNY.) Ní bheadh compord thall ná abhus a'd leis sin.

DANNY: Sin cinnte. Nach ag imeacht uaidh atá mé. Agus seo é mo sheans anois. Beannacht Dé le hanam an tseanbhuachalla. Ach táim saor le mo rogha rud a dhéanamh.

MEAIGÍ: Ah?

(*Buailtear cnag ar an doras.*
Osclaíonn DANNY *é. Cynthia atá ann.*
Tagann sí isteach.)

MEAIGÍ: Ó, bhí mé díreach ag imeacht. (*Í ag cur uirthi a cóta*)

DANNY: Ó, níl aon deifir a'inne leat, a Mheaigí.

MEAIGÍ: Á, bhuel, tá socruithe le déanamh agaibhse. (*Meangadh uirthi le Cynthia*) Isteach ag fágáil slán ag Danny a tháinig mé agus bhí sé chomh maith dom slán a fhágáil a'dsa freisin, a Cynthia, faitíos nach bhfeicfinn aríst tú. (*Tugann sí barróg do Cynthia. Mothaíonn Cynthia míchompordach. Croitheann lámh le Danny ansin.*
Tagann DARACH *isteach arís chun tuilleadh stuif a bhailiú leis.*)

DARACH: Ó, a Cynthia, má tá tada le dó thuas agaibh. Seanbhalcaisí. Beidh tine chnámh anseo amuigh faoi cheann cúpla nóiméad. (*Téann sé siar sa seomra.*)

CYNTHIA: Ní cheapfainn é anois.

(*Sos gearr, beagán míshuaimhneach amhail is dá*

mbeidís ag fanacht go n-imeodh Darach amach arís.
Ag teacht aniar as an seomra dó bíonn mála dubh
aige, péire seanslipéirí, Tellytubby agus beagán
mangarae eile)

MEAIGÍ: Cuirfidh tú glaoch orm, a Danny, ach a
leaindeálfaidh tú thall? Díreach lena rá go bhfuil tú
leaindeáilte slán sábháilte.

DANNY: Cuirfidh cinnte, a Mheaigí. Chomh luath in
Éirinn agus a bheas mé thall.

DARACH: Chomh luath i Sasana agus a bheas tú thall, ba
cheart duit a rá.

DANNY: Nach cuma.

DARACH: Ó, ní cuma anois. Cén chaoi a bhféadfadh duine
ar bith a bheith chomh luath in Éirinn thall i Sasana?
(*Sos*) Ar aon nós, a Mheaigí, b'fhéidir go dtitfeadh an
plane. Tá planeannaí ag titim as éadan as an spéir na
laethanta seo. Agus más sa bhfarraige a thitfeas sí,
bhuel, ní bheidh sé in Éirinn ná i Sasana le glaoch ort.

MEAIGÍ: Tá mobile fón faighte ag Danny.

DARACH: Ó, ach níl cead iad sin a úsáid ar phlaneannaí.
Interference, an dtuigeann tú . . . Interference.
(*Imíonn* DARACH *amach.*)

DANNY: Ná bac leis.

MEAIGÍ (*á coisreacan féin*): Ó, 'Mhaighdean Mhuire níor
thaitin na planeannaí céanna ariamh liom, a Danny.
Nach dtiteann ceann nó dhó as an spéir chuile
sheachtain? Titeann. (*Cineál creatha uirthi*) Téann
siad suas chomh hard anyways. Níl fhios a'm cén
fáth go dtéann siad chomh fada sin suas. Dá
gcuirfeadh duine éicint bamb orthu.

(*Tagann* DARACH *isteach agus piocann suas bosca meaiteannaí den bhord. Croitheann iad lena chinntiú nach bosca folamh atá ann.*)

Bhí sé ar an bpáipéar an lá cheana go raibh an Taliban ag teacht go hÉirinn.

DARACH: An Taliban! Nár leandáil siad aréir! (*Sos*) Thiar i dtóin Leitir Mealláin. Beidh siad aniar ar ball. (*Imíonn* DARACH *amach*)

DANNY: Ó, a Mheaigí, tá na planeannaí breá sábháilte. Súr, ní raibh tusa thuas i bplane ariamh.

MEAIGÍ: Ná ní bheidh choíche. Fiú dá mbeinn caillte ní ghabhfainn isteach i gceann acu. (*Sos*) Bhuel, tá mé ag caint seafóide, b'fhéidir. Fágfaidh mé slán agaibh, mar sin. (*Ag breith barróige ar Danny*) Agus déarfaidh mé paidir ag an ngrotto daoibh ar mo bhealach siar. (*Imíonn* MEAIGÍ. *Sos*)

DANNY: Tá Meaigí bhocht an-trína chéile.

CYNTHIA: Tá. (*Sos fada*) Ní le labhairt faoi Mheaigí atá mé anseo.

DANNY: Tá an oiread tarlaithe le seachtain is–

CYNTHIA: Tuigim go raibh drochsheachtain a'd idir bhás d'athar agus chuile shórt.

DANNY: D'fhéadfá é sin a rá aríst . . . go háirithe an chuile shórt. Go raibh maith a'd as chuile chúnamh a thug tú.

CYNTHIA: So?

DANNY: So?

(*Sos. Cloistear torann tine taobh amuigh. Lasracha móra le feiceáil tríd an bhfuinneog mar a chaithfí ola ar na héadaí etc. Tarraingíonn aird na beirte ar feadh soicind. Leanann an tine ag dó tríd an radharc.*)

CYNTHIA: So. (*Go teann*)   Tá tú ag imeacht, mar sin. Londain, chuala mé.

DANNY: Tá.

CYNTHIA: Tá! Just like that.

DANNY: Níl tada anseo le mé a choinneáil.

CYNTHIA: Tada!

DANNY: Deile. Conamara. Níl tada ann.

CYNTHIA: So, is tada mise anois, ab ea?

DANNY: Ní hin é atá i gceist a'm, a Cynthia, is tá fhios a'd nach é.

CYNTHIA (*go searbhasach*): Seachtain ó shin bhí tú sásta mé a phósadh.

DANNY: Bhí. So?

CYNTHIA: So?

DANNY: Ní phósfá mé, a dúirt tú. (*Ag ísliú a ghlóir*) Ag rá gur freak a bhí ionam.

CYNTHIA: Tháinig chuile shórt tobann orm.   Céard a tharlódh dá dtiocfadh athrú intinne orm in imeacht ama? Abair nuair a bheadh an seac curtha díom a'm is b'fhéidir mé sásta glacadh leat mar atá?

DANNY: Ó, dá nglacfá. (*Ar nós cuma liom*)

CYNTHIA: Anois ó tá Coilimín básaithe níl uait ach imeacht. Is cuma leat fúmsa. Ba chuma i gcónaí.

DANNY: Tá m'intinn déanta suas a'm faoi seo agus socruithe déanta. An rud atá thart, tá sé thart.

CYNTHIA: Agus sin é an chaoi a bhfeiceann tusa é, ab é? Nach bhféadfá a rá liom go raibh tú ag imeacht ar a laghad is gan mé a bheith á chloisteáil ag dul tharam thíos sa bpub?

DANNY: Nuair a bhí mé ag iarraidh labhairt leat ba dhona

uait éisteacht. (*Sos*) Tá rudaí mar atá anois agus sin sin.

CYNTHIA: Agus nach bhfuil mothúchán ar bith ionat? Mothúchán ar bith do na trí bliana a chaith muid ag dul amach lena chéile?

DANNY: Gluaiseann an saol ar aghaidh. Cén rogha a bhí a'm? Teacht agus imeacht.

CYNTHIA: Agus sin a bhfuil ann duitse! Danny, breathnaigh orm! Ní raibh fíorghrá a'd ariamh dom, an raibh?

DANNY: Nach raibh muid geallta?

CYNTHIA: Ní hin í an cheist!

DANNY: Cén cheist? (*Sos*) Fíorghrá?

CYNTHIA: An sainmhíniú atá uait, ab ea? Is ná bí ag ligean ort go bhfuil tú thick!

DANNY (*olc air*): Bhí fíorghrá a'm dhuit ach chuir tusa do chuid coinníollacha féin leis. Grá gan choinníoll é fíorghrá, má chuala tú ariamh é.

CYNTHIA: Bhí tú mímhacánta liom.

DANNY: Ní mise a chuir deireadh leis an gcleamhnas. A shiúil amach. Bhí mise sásta tú a phósadh.

CYNTHIA (*go teann searbhasach*): Bhí, ab ea? (*Go feargach*) Bhí, cinnte, am éicint amach anseo. Bhí, nuair a tháinig an crú ar an tairne nó go mbeadh deis a'd an chéad leithscéal eile a chumadh.

DANNY: Anois, anois.

CYNTHIA: Agus lig tú domsa lánmhuinín a bheith a'm asat. Mo ghrá agus mo chuid mothúchán uile a roinnt leat. Blianta de mo shaol a chur amú leat go héagórach. Blianta a chur amú. Agus d'úsáid tú mé. D'úsáid tú mé mar a bheadh bréagán ann.

DANNY: Cynthia! Níor úsáid.

CYNTHIA: Níor thug tú grá iomlán ariamh dom, ar thug?
Ach do m'úsáid.

(*Cloistear pléascán ón tine taobh amuigh.*)

DANNY: Más in é an chaoi é, bhí beirt a'ainn ann.

(*Pléascann* CYNTHIA.)

CYNTHIA : Beirt! So admhaíonn tú é. Bhí beirt a'ainn ann,
an fhad is a bhí tú ag fanacht go gcaillfí Coilimín–

DANNY: Seafóid!

CYNTHIA: Agus ansin go mbeifeá saor le do rogha rud a
dhéanamh. Go bhféadfá imeacht leat agus cead an
diabhail a bheith a'msa.

DANNY: Sin mar a fheiceann tusa an scéal.

CYNTHIA: Sin mar atá an scéal.

DANNY: Cac! Tá an saol ar fad ina chac. Tá–

CYNTHIA: Níl. Níl, muis! Tá do shaolsa ag dul de réir do
phlean. Mo shaolsa amháin atá ina chac! (*Ag gol*)
Ach is sólás beag dom eolas a bheith a'dsa faoin
mhísc atá déanta a't féin agus ag do chuid bréaga de
mo shaol, cé nach aon chúiteamh é as mo shaol a
scriosadh le trí bliana de bhréaga.   Feallaire!
Feallaire!

(*Ritheann sí amach an doras. Féachann* DANNY
*amach an doras ina diaidh go tostach. Geit mhór
bainte as. É ina sheasamh ina staic ansin.
Féachann timpeall an tseomra amhail is dá mbeadh
croitheadh bainte as. Smaoiníonn air féin. Siúlann
timpeall an tí ag breathnú uaidh. Féachann amach
tríd an bhfuinneog ar an tine, a bhfuil lasracha
móra ag éirí aisti i gcónaí.*)

DANNY: Sin sin, mar sin.

(*Tosaíonn ag breathnú thart féachaint an bhfuil tada eile fágtha ina dhiaidh aige. Piocann suas corr-rud beag agus cuireann síos i mbarr a mhála. Féachann ar dhoras sheomra Dharach. Téann chuig doras sheomra Choilimín agus téann sé siar ann. Tagann aniar, ag fágáil an dorais oscailte ina dhiaidh agus Tellytubby ina lámh aige agus é ag breathnú air. Tarraingíonn sé anáil dhomhain is cuireann síos ina mhála é. Féachann sé timpeall arís. Féachann sé suas an staighre i dtreo a sheomra. Téann suas go mall. Osclaíonn an doras. Téann isteach agus casann air an solas. Tá an seomra glanta amach, folamh, nach mór, ach amháin go bhfuil na héadaí leapa ar an leaba i gcónaí agus go bhfuil pictiúr de Cynthia ar an mbord gléasta. Féachann sé timpeall an tseomra go ceanúil agus go brónach. Suíonn sé síos ar an leaba. Íslíonn sé a chloigeann agus báitheann ina lámha. Ardaíonn a chloigeann arís.*)*

DANNY: Sin sin, mar sin.

(*Seasann sé suas. Féachann isteach sa scáthán ard. Brúnn sé i leataobh ansin é. Féachann timpeall agus piocann suas an pictiúr de Cynthia atá ina sheasamh go haonarach ar an mbord gléasta. Féachann sé go grinn air.*)

DANNY: Bréaga, freak, feallaire, (*Sos*) a dúirt sí. (*Caitheann sé síos sa bhosca bruscair é. Téann sé chuig ceann de na cófraí. Osclaíonn an doras agus síneann isteach a lámh, mar a bheadh ag mothú is ag cuimilt rud éicint. Tagann tocht air. Dúnann sé doras an chófra agus é ag stánadh isteach. Téann sé chuig doras a sheomra. Iompaíonn timpeall uair amháin eile chun súil a chaitheamh air. Múchann an solas. Dúnann an doras ina dhiaidh. Seasann ar bharr an staighre nóiméad. Smaoiníonn. Osclaíonn an doras arís. Casann air an solas. Fágann an doras oscailte d'aon ghnó agus siúlann síos an staighre go mall. Féachann sé ar a uaireadóir. Tagann* DARACH *isteach agus seasann i mbéal an dorais. Tá Danny ag bun an staighre ag an nóiméad seo.*) Tá mise ag bualadh bóthair, chomh luath agus a thagann an tacsaí.

DARACH: Bhuel, tá an doras san áit a mbíodh sé ariamh.

DANNY: Ha?

DARACH: Tá an doras san áit a mbíodh sé ariamh, a deirim, má tá tú ag imeacht.

DANNY: Ní deas an chaoi é sin le slán a fhágáil ag deartháir.

DARACH: An measa é ná cur i gcéill?

DANNY: Tá súil a'm go mbeidh tú ceart go leor, is gan anseo ach tú féin.

DARACH: Céard a bheadh orm, is gan anseo ach mé féin?

DANNY: Tada, is dóigh.

DARACH: Tada, go díreach. Beidh suaimhneas a'm.

DANNY: Beidh. Neart.

DARACH: Suaimhneas ó dhaoine craiceáilte.

DANNY: Daoine craiceáilte?

DARACH: Deile. Daoine craiceáilte is nutters. Tusa agus do chuid . . . do chuid drible. An seanbhuachaill is a . . . is a mheadhrán. Meaigí is a cuid coupons is a Maighdean Mhuire. Cynthia is a-a–

DANNY: Céard?

DARACH: Á, níl fhios a'm. (*Sos*) An bhfuil sí ag imeacht leat, nó do do leanacht?

DANNY: An mbaineann sé sin duitse, ach oiread le scéal ar ball?

DARACH: Ní bhaineann, (*Sos*) is dóigh.

DANNY: Bhuel, níl sí ag imeacht liom, ná do mo leanacht, más maith leat fios a fháil air.

DARACH (*iontas air, de ghuth séimh*): Ní dhéanann sé sin aon difríocht domsa.

DANNY: Ní dhéanann . . . (*Sos*) is dóigh. Agus ní bheidh sí ag cur isteach ort ag tarraingt anseo níos mó nuair nach mbeidh mise thart.

(*Sos*)

DARACH: Tuige a mbeadh?

DANNY: Mar ní mórán carthanachta ná Críostaíochta a spáin tusa ariamh di ná d'éinne eile ach ag déanamh éagórachaí ar dhaoine.

DARACH (*olc air*): Éagórachaí. Tar éis dhá mhíle bliain de Chríostaíocht, más Críostaíocht é, tá neart éagórachaí eile sa saol freisin agus is a'msa is fearr atá fhios é, bíodh fhios a'dsa. Agus tar éis dhá mhíle bliain eile seans go mbeidh a oiread eile éagórachaí curtha leis ag Críostaithe, mar dhea.

DANNY: Bhuel, beidh do chuid féin curtha a'dsa leis, is dóigh. Sin cinnte.

DARACH: Féacha an té atá ag caint. (*Sos*) Breathnaigh, a Danny, a mhaicín. B'fhéidir nach maith le daoine mise mar nach mbímse liom leat le daoine ná ag plámás leo. Ach ní chuirimse dallamullóg orthu. Ar a laghad ar bith tá fhios ag daoine cá seasann siad liomsa. Tá mé in ann an méid sin a rá.

DANNY: Breathnaigh, a Dharach. I ndeireadh an lae, is tú mo dheartháir agus b'fhéidir nach bhfeicfinn aríst tú. Ar mhaithe leat atá mé. B'fhéidir nár réitigh muid rómhaith lena chéile ach níor mhaith liom éinne a fheiceáil ag dul i mbealach a n-aimhleasa.

DARACH: Ó, a dhiabhail go deo! An mbeidh seanmóir anois a'inn ón bhfear maith?

DANNY: Nílim ach ag rá leat rud éicint a dhéanamh le do shaol, níos mó tuisceana is measa a bheith a'd ar dhaoine eile. Nó fágfar i do phríosúnach aonair sa teach seo tú.

DARACH: Príosúnach, a dhiabhail, is gan tada déanta ar aon duine a'm. Ar nós Seisear Bhirmingham nó Ceathrar Ghuilford, ab ea?

DANNY: Ar bhealach!

DARACH: Ar bhealach! Agus nach bhfuil mé in ann siúl amach as an áit seo nóiméad ar bith. (*Ag ardú a lámha*) Na ballaí a leagan romham má thograím é? Ah? Cé a stopfas mé? Nach bhfuil an ceart a'm?

DANNY: Tá.

DARACH: Agus má tá.

DANNY: Níl tú in ann siúl amach as do shaol nóiméad ar bith. Sin é atá i gceist a'msa. Mar nach bhfeiceann tú an balla i do thimpeall . . . Amhail is dá mbeifeá ag cur laincisí ort féin.

DARACH: Laincisí. Laincisí mo leath dheiridh. Agus cén sort adhastair a chuireann tusa ort féin . . . Ah . . . Púdar is lipstick, is slipeannaí is knickers is . . .

is . . . is . . . ná labhair liom ar shaoirse, thusa. Shílfeá gur pota gliomach é an seomra sin thuas a'd.

DANNY (*olc air, ag breith ar cheann dá chuid málaí*): Cén mhaith a bheith ag caint?

DARACH: Maith dá laghad. (*Sos*) An bhfuil chuile shórt glanta amach a'd as?

DANNY: Tá. Mise réidh leis an seomra sin.

DARACH: Na drible is na frigisí éadaigh ar fad nó is ag ardú ina ndeatach le ciomachaí an tseanbhuachalla a bheas siad.

(*Sos*)

DANNY: T-t-t-á.

DARACH: Sin é an chaoi is fearr é. Ní articles maithe i dteach ar bith cuid den mhangarae sin.

(*Cloistear bonnán cairr.*)

DANNY: Sin í an tacsaí. Táimse ag imeacht, mar sin.

(*Sos. Cloistear bonnán cairr arís, beagán níos tréine an babhta seo.*)

Slán, mar sin.

(*Sos. Tá a chúl iompaithe ag Darach leis. Ní fhreagraíonn sé. Imíonn* DANNY *amach. Fágann an doras oscailte ina dhiaidh. Féachann* DARACH *i dtreo an dorais lena chinntiú go bhfuil sé imithe. Cloistear inneall cairr ag dúiseacht is ag imeacht i léig ansin.*)

DARACH: Slán.

(*Téann* DARACH *chuig an bhfuinneog agus féachann amach, ansin chuig an doras amhail is dá mbeadh ag féachaint ar an gcarr ag imeacht, é ag baint cor nó fad beag as féin go n-imíonn an carr as amharc. Dúnann sé an doras go ciúin ansin. Cuireann a* dhroim leis an doras dúnta agus féachann timpeall an tí go mall tostach. Tá cuma ghruama ar a aghaidh. Téann sé chuig doras a sheomra féin go mall agus féachann siar ann. Téann chuig seomra Choilimín ansin agus seasann sa doras ag stánadh siar ann. Féachann sé suas an staighre ansin agus téann sé suas ann go mall. Seasann nóimeád ag an doras amhail is dá mbeadh faitíos air dul isteach. Téann sé isteach ansin go ciúin agus breathnaíonn timpeall ó bhun go barr. Bolaíonn an t-aer cúpla babhta. Cuireann strainc air féin. Siúlann timpeall arís ionas go dtugann faoi deara an bosca bruscair agus an pictiúr atá ina bharr. Tógann aníos é. Breathnaíonn air. Cuireann sé cineál strainc oilc air féin is bíonn ar tí ligean den phictiúr titim as a lámh síos sa bhruscar arís nuair a athraíonn a intinn. Leagann béal faoi ar an mbord é.) Níl sí a'dsa anois ach oiread. (Féachann sé timpeall an tseomra arís amhail is dá mbeadh ar thóir rud éicint nach mbeadh ann. Seasann sé suas i lár an tseomra ansin. Téann sé chuig an gcófra agus osclaíonn é. Baintear geit as agus seasann sé siar coisméig. Tógann coisméig chun cinn tar éis tamaillín agus sacann isteach a lámh go ceanúil cúramach. Tógann gúna a mháthar amach ansin agus tocht air. Cuireann isteach lena ucht é go ceanúil. Tar éis tamaillín tosaíonn sé ag siúl síos an staighre go mall cúramach. Buailtear cloigín an dorais. Baintear geit as. Caitear litreacha isteach tríd an mbosca litreach agus titeann ar an urlár. Leagann *sé an gúna ar chathaoir go cúramach. Téann sé chuig an bhfuinneog agus féachann amach sul má phiocann suas na litreacha. Féachann orthu ceann ar cheann.*) Reps of the Deceased Colman Ridge . . . (*Osclaíonn sé an clúdach agus tógann amach litir agus slám samplaí de chártaí cuimhneacháin.*) Ó, go deimhin. Cuimhneacháin. (*Sos*) J. J. Lalors Ltd. (*Féachann sé ar chlúdach an dara litir. Tá sí mór go maith amhail is dá mbeadh iris thiubh istigh inti.*) Mr Danny Ridge. (*Féachann sé go grinn ar an litir, ansin suas ar dhoras sheomra Danny amhail is dá mbeadh ag súil le Danny siúl anuas. Leagann sé síos ar an mbord í.*) Danny! Tá litir anseo dhuit. (*Sos. Féachann suas ar dhoras a sheomra. Sos. Féachann ar an gclúdach arís, ar an ainm, agus osclaíonn go tapa. Tógann amach catalóg as.*) Homeshopping . . . (*Casann leathanach.*) Boutique. Tuilleadh ciomachaí. (*Caitheann an chatalóg síos sa bhruscar amhail is dá mbeadh olc air léi.*) Ráiméis. (*Tógann an litir eile den bhord.*) Mr Colman Ridge . . . Personal. (*Iompaíonn an litir timpeall cúpla babhta. Féachann ar dhoras sheomra Choilimín.*) Tá litir anseo dhuit. (*Sos. Osclaíonn an litir go neirbhíseach. Tógann amach an litir agus cloistear guth mná an scríbhneora á léamh de réir mar atá Darach á léamh.*)

GUTH: Dear Mr. Ridge,
Congratulations! You are the lucky winner of the first prize in our monthly draw for September. You are now the proud owner of a new exercise bike

worth over five hundred euro. (*Sos*) Please contact me as soon as possible at the above number so that we can arrange delivery.

Once again, congratulations, and wishing you many happy healthy years of cycling and exercises.

Yours sincerely . . .

(*Leagann* DARACH *síos an litir ar an mbord os a chomhair. Suíonn sé síos ag féachaint uirthi, a dhá lámh scartha amach os a chomhair ar an mbord. Féachann sé trasna ar an ngúna. Éiríonn sé go mall agus téann chuig an gcathaoir agus tógann chuige é go ceanúil. Téann chuig an bhfuinneog agus féachann amach ar an tine. Crochann an gúna amach uaidh soicind amhail is dá mbeadh sé ag smaoineamh ar é a dhó. Filleann sé ar an mbord, áfach, agus suíonn ag leagan an ghúna trasna ar an mbord os a chomhair. Íslíonn na soilse go mall. Fágtar 3 spotsolas ar lasadh – dhá spotsolas láidre dírithe ar dhoirse oscailte sheomraí Danny agus Choilimín agus spotsolas níos láidre ar Dharach. Tógann* DARACH *an litir ina lámh. Féachann uirthi agus ansin déanann burla di lena lámha agus fáisceann ina ghlaic go teann, a lámh eile i ngreim go héadrom ceanúil sa ghúna is é ag stánadh amach uaidh, é ar crith beagán.*

Íslítear na soilse atá ag scaladh ar na doirse ionas nach mbíonn fágtha ach leathsholas atá ar Dharach. Múchtar an solas go hiomlán.

Brat